利与他

林祈倡 编著

企业管理出版社
ENTERPRISE MANAGEMENT PUBLISHING HOUSE

图书在版编目（CIP）数据

利与他 / 林祈倡编著 . -- 北京 : 企业管理出版社，2023.10
ISBN 978-7-5164-2965-5

Ⅰ.①利… Ⅱ.①林… Ⅲ.①工商企业－企业管理－职工培训 Ⅳ.① F272.921

中国国家版本馆 CIP 数据核字（2023）第 189002 号

书　　名：	利与他
书　　号：	ISBN 978-7-5164-2965-5
作　　者：	林祈倡
责任编辑：	张　羿
出版发行：	企业管理出版社
经　　销：	新华书店
地　　址：	北京市海淀区紫竹院南路 17 号　　邮　　编：100048
网　　址：	http://www.emph.cn　　电子信箱：504881396@qq.com
电　　话：	编辑部（010）68456991　　发行部（010）68701816
印　　刷：	三河市荣展印务有限公司
版　　次：	2023 年 10 月第 1 版
印　　次：	2023 年 10 月第 1 次印刷
开　　本：	880mm×1230mm　 1/32
印　　张：	5.75
字　　数：	101 千字
定　　价：	58.00 元

版权所有　翻印必究·印装有误　负责调换

推荐序

价值观是企业文化的核心

我从青庐会的发起人马翠那里欣喜地获悉澳林公司要出版新书了，并且第一时间拿到了书稿，我既感动又激动。感动的是广大读者有福了，澳林这样优秀的企业终于把自己多年来压箱底的宝贵经验无私奉献给社会人士了；激动的是马翠推荐我为本书写一篇序，我曾经数次与澳林擦肩而过，没想到这次缘分就这样不期而遇了。

企业文化是植入人的心智中、长久沉淀和渗透在企业的生产和经营中并能持久传扬的习惯和信念。企业文化是当今企业管理体系中最不可捉摸的一个系统，它在企业发展中起着举足轻重的作用，但是许多时候企业文化在大多数企业里，似乎是一个只能看到结果却不知道过程、只可意会却不可以把握的"模糊"管理工具。这本书却给了我们精确的答案，作者把方法、工具和实操经验和盘托出，在许多方面还给了我们意外的惊喜。

首先，澳林的企业文化是战略的胜利，不只是战术方面的成功。

澳林之所以能取得今天这样骄人的成绩，是因为它的企业文化产生了巨大的竞争优势。澳林提出的"难以替代"，比其他任何一种具体战略都更有力，澳林的优势体现在它长期的发展过程中，依照利他的初心和发心，经过不断的精细打磨，才完整地发挥到了今天。这绝不是一蹴而就的，更不是想当然就可以取得成功的。澳林能够把企业文化从生根到发芽，再到开花和结果，拱手奉献给广大的读者，本身就是一种利他的有力体现。

其次，澳林始终以价值观引领企业的发展。

价值观是企业文化的核心。人的行为是受价值观支配的，价值观不改变，行为的改变是有限和短暂的。要想从根本上改变员工的行为，首先必须改变他们的价值观。国内企业凡是企业文化做得优秀的，在改变员工的价值观方面都有所建树。澳林提倡的"利他、诚实、用心、关爱、讲规则"十一字价值观与我的东家——德胜洋楼的做法如出一辙，它们都认为企业文化的根本就是首先要统一员工的价值观，塑造员工的健康人格。虽然是利益把员工和企业凝结在一起的，但是能够使员工和企业长期相依为命的是共同的价值观。正是因为拥有共同的价值观，才使澳林的员工能够把企业当成他们自己的事业来看待，兢兢业业、吃苦耐劳，拥有最强的责任心和使命感，愿意长期在企业工作；团队中的每个人都把企业的愿景当成自己的梦想，都愿意为这个梦想而拼搏奋斗。正是价值观在澳林不断地渗透，才造就了今天这样一支坚强有力、坚不可摧的铁军队伍。价值观折射出企业的企业文化和管理素质，有了好的价值观，企业才会成为一个海洋，才会具有自我净化的功能。

最后，澳林的企业文化有效地落实在企业的实际工作中。

澳林的企业文化能够执行到位，是全体澳林人始终聚焦价值观和打造企业文化落地方法论的成功。它解决了企业文化在众多企业里虚无缥缈、缺乏方法和耐心、不重过程实施等不能落地的通病，成为我国打造优秀企业文化的先锋和典范。因此，澳林在企业文化方面的做法为众多企业解决"文化疲软"的问题提供了最佳路径。

这是一本系统介绍澳林公司有效管理和企业文化精髓的书，广大读者通过阅读可以充分体会到澳林的企业文化在其管理实践中所发挥的凝聚、激励、约束、引导、互动和辐射作用。在当今复杂的商业状态下，每家企业都应对它的企业文化进行剖析和解构，要把企业文化落到实处，教育和引导员工，有效解决"人"和企业管理的各种问题，像澳林人一样，多做立德、立功和立言的事。

苏州德胜教育科技有限公司总经理
苏州德胜洋楼有限公司企业文化创始总经理

赵雷

自序

将企业文化外化于行、内化于心

我们将澳林人多年来的工作经验和经营体会整理成文，几经修改，终于结集成书。翻看整本书的内容，文笔虽略显生涩，思想也不尽成熟，但好在有一份企业人的直白，这也是这些年来澳林人在经营实践中共同的智慧结晶。

在友人的鼓励和支持下，我们最终决定将本书出版，是想将它作为企业成长之路上的一个小结。今后，希望全体澳林人能继续努力，用实际行动和职场智慧，写就更多富于管理哲思的篇章。

就在成书之际，我们所面临的创业环境、就业形势都已发生了巨大的改变。对比今时今日，以前有大量市场红利在推动企业快速发展，比如商品短缺红利、加入WTO红利、快速城镇化红利、住房升级红利等，除此之外，还有充足的劳动力等资源，让企业可以从中汲取营养，不断"套利"迅速壮大。然而，这种快速增长掩盖了企业自身的很多问题，比如能力不足、管理失误、产品瑕疵、经营水平不高等。一旦红利潮水退去，所有的问题必将暴露无遗——这些短板可能给企业带来致命伤，不仅拖累其日常经营表现，最终还可能影响广大员工的就业。

"不进则退"的生存法则时刻提醒着我们：企业必须持续改进和创新，才不会被淘汰。

这也是澳林人提出并一再强调利他这一工作原则的根本原因。在当前这一严峻的市场环境下，我们不仅要满足顾客（服务对象）的需求，更重要的是，要为他们创造出价值——这是利他原则的精髓所在。换言之，要做到利他，澳林人就要具备为顾客（服务对象）创造出全新价值的能力。每一个进入澳林的员工，将如何训练自己，不断学习与积累，最终获得创造价值的能力呢？具体来讲，他（她）应天生具备，或在工作中逐步培养出以下八个方面的基本素养。

（1）要有团结合作的精神。团结合作是事业成功的基础，个人和集体只有依靠合作这一方式，才能在工作中把个人愿望和团队目标结合起来。所以，我们在团队中要提倡交流和多方合作。

（2）要有脚踏实地、坚持不懈的精神。这是确保个人或企业获得成功的基本条件，只有从一开始就全力投入，日复一日地认真做好日常工作，不因其烦琐平凡而忽视细节，持续积累经验，才有希望实现最终目标。

（3）要有平和的处事心态。在身处困境时，唯有保持"因上精进，果上随缘"的做事心境，才能凭借利他精神为他人服务和创造价值，度过低潮或瓶颈期，进而获得自我实现。

（4）要有自主学习、主动提升的意识。我们应该警惕和敬畏市场的快速变化，时刻保持危机意识，通过学习新知识，不断提升自己的业务水平和综合素质。

（5）要建立"自我驱动"人格。接收到目标指令，有"自我驱动"人格的人能主动、迅速、有序地制订计划并付诸行动。在这个过程中，这样的人会与团队保持顺畅沟通，主动汇报进程，并且共享经验教训。我们的一个主要目标就是通过工作和日常管理，帮助员工成长为自我驱动型人才。

（6）要敢于承担责任，对工作有使命感。在工作中遇到任何问题，我们都应该保持这一信念：自己就是第一责任人，要竭尽全力去解决问题，并在后续工作中吸取教训，不再犯同样的错误。

（7）要对自己有清晰的定位。看清自己擅长和不擅长做什么，不盲目跟风攀比。为自己制定出清晰的目标，然后不断坚持，这样更容易收获属于自己的成功。

（8）要做一个谨慎乐观派。谨慎乐观是一种稳健的心态，我们既要在工作中对新发展、新趋势抱有开放乐观的态度，又必须在执行中严谨地对待每一个步骤。只有这样，我们才能通过不断的实践，获得真正属于自己的机会。

让澳林的每一位同事都能成长为创造价值的人，成为利他原则的守护者，和企业实现共同发展，让澳林提倡的核心价值观深深植根于每个人的心中——这是我们整理并编著这本书的初衷。同时，就澳林人对价值观和企业文化的认知，与企业之外的读者进行充分的交流碰撞，促进双方的进步与创新，也是我们编著这本书的一个美好愿望。

澳林的企业文化不是天上掉下来的，也不是在某个人的头脑中凭空产生的，它是全体澳林人和社会碰撞交流，正视人性，立足现实，在企业的发展过程中总结和提炼出来的。最终，我们得出"利他、诚实、用心、关爱、讲规则"这一核心价值观，它既是澳林人在工作、生活中一直遵循和实践的总原则，也是澳林一直保持稳健发展的根基和秘诀所在。

这本书中，我们会将如何总结出这些观点的心路历程与实践案例一一道出，让广大澳林人更深刻地理解利他等一系列工作原则。也希望通过这本书抛砖引玉，为广大创业者、职业经理人带来些许共鸣和思考。

今后，我会与各位同事一起，将澳林的企业文化外化于行、内化于心，带领澳林走得更健康、更长久。

林祈倡

2023 年 4 月 17 日

目录

第一章 核心价值观才是澳林的根本大法 / 001

一、我的自述 / 003

（一）人生有目标，心中有明灯 / 004

（二）走稳脚下路，相信前方道 / 006

（三）抓住机遇，找到方向 / 007

（四）坚持利他，健康发展 / 012

二、我的观点 / 015

（一）企业文化 / 015

（二）经营理念 / 016

（三）管理理念 / 017

（四）人生 / 020

第二章 解读澳林核心价值观 / 022

一、核心价值观：利他 / 022

（一）利他的作用 / 024

（二）利他与利己 / 025

（三）利他的四个维度 / 028

◆总结 / 041

◆践行案例 / 042

二、核心价值观：诚实 / 048

（一）实在 / 048

（二）坦诚 / 056

（三）诚信 / 064

（四）勇于担当，进而内心坦荡 / 067

◆总结 / 075

◆践行案例 / 079

三、核心价值观：用心 / 082

（一）主人心态 / 083

（二）精益求精 / 085

◆总结 / 090

◆践行案例 / 091

四、核心价值观：关爱 / 095

（一）爱员工 / 096

（二）欣赏与包容员工 / 099

（三）大爱无疆 / 104

◆ 总结 / 106

◆ 践行案例 / 106

五、核心价值观：讲规则 / 111

（一）以法治思维做管理 / 113

（二）坚持原则不动摇 / 118

◆ 总结 / 120

◆ 践行案例 / 121

第三章 深入理解澳林管理哲学及其方法论 / 126

一、灰度思维 / 126

（一）什么是灰度思维 / 126

（二）为什么要提倡灰度思维 / 126

（三）如何养成灰度思维 / 129

（四）灰度思维与澳林核心价值观之间是什么关系 / 130

二、解构：澳林的利他方法论 / 131

（一）任何经营都可以通过解构发现客户需求 / 133

（二）任何管理都可以通过解构提升效率 / 138

（三）所有产品都要通过解构来配置成本支出
和产品优势的关系 / 139

（四）解构最终是为了抓住主线 / 144

三、澳林优秀人才模型：企业如何选拔优秀人才 / 147

（一）时代变化对企业和人才的要求 / 148

（二）澳林优秀人才模型的五个维度 / 149

（三）澳林优秀人才模型的意义 / 152

四、从营销思维转型为价值思维 / 153

五、详解澳林人的座右铭 / 159

（一）立足本职，把简单的事情天天做好 / 159

（二）感谢生活，将愉快的心情处处撒播 / 160

（三）尊重个体需求，努力实现成功之人生 / 161

（四）维护整体利益，合力打造完美之团队 / 162

结语 / 164

第一章 核心价值观才是澳林的根本大法

本书集中阐释了澳林企业文化的核心价值观。

什么是企业文化？简而言之，就是企业在日常运营中所表现出的由其核心价值观、信念、处事方式等组成的特有的文化形象。企业文化中的核心价值观，是企业中所有管理者、员工都必须遵守的理念。它是企业的天条，对企业的一切经营管理具有指导作用；它必须内化入企业员工的意识深处，也必须外化为员工的行为；对内，它体现为组织的风气；对外，它则呈现为企业的"性格"。

核心价值观是企业文化的重中之重，是企业文化的核心，也是企业的宪章，即根本大法。它既是企业健康发展的保障，也是企业持续发展的引擎。它为企业的各项具体规章制度提供了判断的原则和准绳，它是制度的源头，是"法中之法"。

澳林的核心价值观是：利他、诚实、用心、关爱、讲规则。

每个澳林人都必须认真学习、深入体会并切实践行澳林的核心价值观。

我们每个人的内心深处都住着两个"小精灵"：一个是天使，一个是魔鬼。天使，代表善良、真诚、正直等所有正能量的一面；魔鬼，则代表贪婪、虚伪、邪恶等所有负能量的一面。两个"小精灵"在每个人的内心长期共存，此消彼长——如果天使足够强大，魔鬼就会被压制到软弱无力。澳林的核心价值观就是通过理性的方式，帮助我们不断获得积极向上的观点、理念，让每个人内心的"小天使"变得更加强大，在工作和生活中获得真正的成功和幸福。

澳林控股集团的战略定位是"美好生活供应商"，为此，我们制定了商业地产和实体零售双轮驱动集团的发展战略，用商业地产和实体零售这两大板块的业务和服务，满足消费者日益增长的美好生活需求。用一句话来表述，就是澳林的业务要以打造"城市会客厅"为契机，提升中小城市消费者的宜居感和购物生活体验。正如市场营销专家们所说的那样，一个品牌如果满足了消费者在功能和情感上的双重需求，就能获得成功。帮助消费者不断追求更加美好、幸福的生活，才是澳林品牌的真正含义。

澳林的核心价值观既是员工在工作中追求卓越的驱动力，也铸就了品牌中蕴含的情感基础。这是十几年来，澳

第一章 核心价值观才是澳林的根本大法

林能从无到有、从小到大,持续赢得消费者、政府和社会各界认可和喜爱的根本原因。在一个充满挑战和风险的市场里,澳林人靠坚持践行企业核心价值观,塑造出了澳林人和企业本身鲜明的"性格"。也正因如此,澳林才能将自身对美好生活的向往与追求,从内至外,通过产品、服务和员工的日常工作,准确地传递给消费者。

企业是通过稳定的价值观、出色的产品和贴心的服务和消费者进行沟通的,而不是靠营销手段和消费者进行沟通的。事实证明,每个澳林人只要坚持企业核心价值观,那么澳林赢得消费者的喜爱并获得成功,就是水到渠成的事。即使结果与期望值有些差距,也应该以平常心看待,要"因上精进,果上随缘"。

一、我的自述

众所周知,澳林非常重视企业文化,是一家由价值观驱动的企业。这一点,与我踏入社会积累至今的各种工作经验、感悟是密不可分的。我认为,做任何事情都和自身的目标感有关:制定目标,实现目标,升级目标——这是一个人,也是一个企业追求卓越的最重要的驱动力之一。在实现一个个人生目标的过程中,我抓住商机,成为澳林的创始人,并和同事们紧密合作、倾尽全力,让澳林这一品牌获得了良好的口碑和发展。也正是在这个过程中,我逐步领悟到"利他"价值观的重要性：无论个人还是企业，只有不再一门心思地只计较自己的利益得失，而是将工作目标转换为给伙伴、大众乃至社会创造价值，才能获得更为长久、健康的发展动力。

在这里，我希望通过分享个人成长史及澳林企业发展史，让更多的人深入了解我们的企业价值观是如何逐步形成的。

（一）人生有目标，心中有明灯

我是温州人，但我做生意的起点并不比别人好。

1978年3月，我出生在浙江省温州市偏远的泰顺县。我的祖辈都是地道的农民，靠种地为生。

20世纪90年代前后，我生活的村子与外界接触极少，过着几乎与世隔绝的日子。从我的老家到县城需要花费4小时以上的时间，到温州市区则需要一天以上的时间。去一趟镇上，感觉就是到大城市里去了。在父母的传统观念里，孩子从小就应该学会务农技能并精通一门手艺，这样才能过上幸福的生活。但我对务农和学手艺没有兴趣，我也并不想延续父辈的生活方式。

那时，我唯一能了解外面世界的渠道就是电视机，电视剧中公司白领的生活令我特别羡慕和向往。我暗下决心：长大后要当白领，进入大城市，在城市里闯出一片

第一章 核心价值观才是澳林的根本大法

新天地——这就是我当时为改变命运而定下的第一个小目标。

刚步入社会，我就给自己定了一个必须坚守的原则：不再向父母要一分钱，创业的原始积累也要靠自己完成。在打工期间，我的生活难免有捉襟见肘之时。当时温州市内有一元钱的普通公交车和两元钱的空调车。为了省钱，我每次都选择坐一元钱的普通车。尽管这样，有时还是囊中羞涩到普通车都舍不得坐。不管是去公司上班还是出去跑业务，我大部分时间靠"11路公交车"，一天走上几十里地，灰头土脸是常有的事。后来，我向朋友借了一辆破旧的自行车代步，虽然比"11路公交车"的效率高了不少，但这辆自行车没有刹车。有一次，我在骑车上班的路上遇到了紧急情况，为了及时停住，我慌忙中一脚踩住前轮，由于用力过猛，车子一下翻倒，我自己也摔出去受了伤。

那几年，为了省钱，连温饱也会成为大问题。那时我每天上班都会路过一家小面包店，买一个一元钱的面包充饥。即使如此，我还是有好几次"困窘"到连这种面包都吃不起。我暗下决心，如果有一天有钱了，一定要在面包店好好地饱餐一顿。可惜几年之后，这家小店拆迁了，这段经历也成了我早年为创业做准备时的美好回忆和一个小小的"遗憾"。

现在回想起那段时光，我并没有感到半点难为情或心酸，反倒觉得这是人生中极难得的经历，是一笔宝贵的财富。我从自身经验中总结出一个道理：当一个人有了坚定的小目标，再发展出其他目标及远大理想时，就会有难以想象的动力和坚韧，能从容应对种种困难。我也意识到，在起步阶段，只有把基础打扎实，走的每一步才会稳妥踏实——只有这样，未来才是可期的。

伴随着个人身份、工作环境的变化及公司的发展壮大，我的人生目标在不断实现小目标的过程中进行了很多次调整，但始终不变的是改变命运的初心、闯荡世界的梦想和对人生价值的追求。能有现在的收获，我认为与我一直聚焦小目标、专注于追求目标实现是分不开的。如今，我能给身边初入社会的年轻人提的建议就是：不一定要当大官或赚大钱，不一定要所谓的出人头地，但做人一定要有梦想、有追求，最好结合实际情况，给自己定下一个个有意义的人生目标和愿景。

（二）走稳脚下路，相信前方道

我走出校园后并没有选择稳定的工作，而是为了实现小目标，制订了分步实施的计划：首先，我要进入大城市工作，为此可以不计较工作条件；其次，我一定要自主创业。

为了创业这个终极目标，我为自己制定的初期目标是学习。与绝大多数只想挣钱的人不同，我工作的唯一目的是积累经验，尽量多学习与创业相关的知识。因此，在打工期间，我不停地"跳槽"——三年时间共计"跳槽"八次，先后从事过营销、策划、管理、记者等多种工作。我每次换工作，都带有一定目的性，为的就是充分吸收在这个职位上获得的知识，并且彻底掌握与之相关的职业技能。

对我来说，这三年的职场经验积累是一笔巨大的财富。我的第一份工作是在一家公司做推销业务，没有保底工资，十分辛苦。有一天，我无意中碰到一个策划公司的工作人员正与老板谈业务，那人看起来满腹经纶，与老板侃侃而谈，让我十分叹服，由此我萌生了尝试策划工作的想法。功夫不负有心人，两个月后，我就进入了一家营销策划公司做策划。

一旦我觉得自己能自如应对某个岗位或职位时，就会去尝试新的工作。哪怕不给工资，我也要换工作，目的只是学习和提高自己。自然，每次换岗后，我都觉得距离自己的创业梦想又近了一步。

（三）抓住机遇，找到方向

经过了系统的学习与积累，我开始考虑创业的方向。

综合当时的大环境和自己在工作中的经历，我觉得在房地产行业创业，更容易实现我的梦想。我给自己定下目标：一定要进入房地产企业积累经验。于是，我请身边的朋友帮忙推荐房地产企业的工作，我对他们说，只要有机会进入房地产这个行业，哪怕不给工资也行。

最终，机会终于垂青了我这个有心人。一家新成立的房地产公司需要一名策划，他们找到了我以前的老同事，同事因故无法去，就介绍我过去试一试。

我去了不久，发现这家公司的老板及同事对营销并不了解，公司运营也出现了一些问题。就这样，我从做策划开始，逐步承担了销售、招商、工程等一系列工作职责。当时项目的土地、工程等条件极不成熟，但销售大获成功，这既缓解了股东的资金压力，也化解了项目的财务风险，我也因此得到了一笔可观的报酬。就这样，我赚到了人生真正意义上的第一桶金。

此时，我认为时机已到，终于可以实现自己创业的目标了。2005年，我辞掉了这份薪水丰厚的工作，筹集了一部分资金，与亲朋好友一起，在江苏宿迁创业，开办了自己的第一家房地产开发公司。没过多久，公司就步入正轨并开始盈利了。

2008年，我们在山东省乐陵市考察时，被该市发展商贸流通业的基础和优势所吸引，经过认真考察和科学论证，

第一章 核心价值观才是澳林的根本大法

决定投资建设乐陵澳林商贸城。我率领团队正式进驻乐陵，从此与乐陵结下不解之缘。

到乐陵开展工作不久，我就发现，乐陵受传统思想影响很深：人们的从商意识淡薄，社会氛围是"小富即满、安于现状"的。我始终认为，改变人们的观念比短期盈利更重要——企业作为社会的一分子，要尽力将自身的经营理念和价值观传递给所在地的消费者和政府。结合南方一些城市的成功经验，我向乐陵市领导提出建议，在乐陵全市上下大范围开展"全民创业"活动，推动创业者的思想解放，加速乐陵的经济发展。可喜的是，市委市政府采纳了我的建议，很快在全市率先成立了专门推动"全民创业"的机构——乐陵市全民创业服务中心。

就在2008年年底，国际金融危机爆发，国家通过大力推动"全民创业"予以应对。乐陵在这场金融危机中已然抢占了先机，有效规避了金融危机带来的失业、下岗等一系列问题。与此同时，我们公司在配合政府推动"全民创业"主题活动时，也投入了大量人力物力，积累了更多经验。2009年，为了改变乐陵市创业者和商户的经营观念和思路，由我们出资，多次邀请专家学者到乐陵举办"全民创富"系列讲座，组织乐陵有兴趣的朋友们到浙江义乌实地考察、参观和学习，同时持续帮助创业者找货源、找市场，并开展一系列培训工作。

这些思路和做法，在很多人看来，似乎已经超出了房地产开发商的业务范畴，但我们是本着为商户乃至城市的发展做更多实事，真心实意帮助他们取得成功的想法去做的。这片初心让澳林变成了乐陵人生活、工作中不可或缺的一分子。目前，仅在乐陵市，澳林的项目就包括乐陵澳林商贸城、澳林家具建材品牌城、澳林财富家园、乐陵电子商务产业园、澳林新天地购物中心、澳林中央世纪城、澳林湖畔花园、澳林印象城、澳林文旅康养小镇、澳林农贸市场、澳林中心等，每天为数以万计的乐陵市市民提供着产品与服务。通过这些项目，澳林在乐陵持续传达着关于商业创新的主张，乐陵也成了我们这些温州人的第二故乡。

熟悉互联网经济的人都知道，2014年是电商冲击实体零售最"凶"的一年，"电商全面颠覆实体店""线下实体注定要灭亡"等言论甚嚣尘上。就是在这样的大环境下，我们决定逆潮流而上，率领企业进军实体零售领域。实践证明，我们的决策是正确的，越来越多的消费者正在回归实体店消费。当时，我们之所以敢这么做，并最终在电商洪流中杀出重围，都是源于我们不变的初心和一切为消费者着想的经营哲学。

我们深耕中小城市市场多年，深刻地体会到一点：中国大多数中小城市基础建设落后，公共服务配套满足不了市民在日常生活中对交际、娱乐和休闲的追求，因此中小城市往往留不住年轻人。党的十九大报告指出，"我国社会主要矛盾已经转化为人民日益增长的美好生活需要和不平衡不充分的发展之间的矛盾"。在我看来，党的十九大报告提出的这一矛盾，在中小城市尤其是县城十分突出。如何在这一市场上充分解决"不平衡""不充分"的发展难题，是我日思夜想的命题，也是澳林的重大商机。经过长期研究，我们在中小城市推出了"城市会客厅"项目，即在城市综合体的基础上整合更多项目，通过后期综合运营，发挥"1+1>2"的效应。这个项目有效缓解了中小城市年轻人缺乏购物、休闲、交友场所的难题，提高了消费者的生活质量，让他们的生活变得更为丰富多彩。澳林"城市会客厅"已在多个城市落地，赢得了地方政府和当地市民的高度认可与欢迎。

与此同时，澳林也在实践中调整了企业的战略定位，从"新城镇综合运营商"转型为"美好生活供应商"。如今，澳林已形成实体零售与地产开发两大业务板块，集团在全国20多个城市开展业务，业务范围涉及欧洲风情小镇、文旅小镇、智造小镇、高端住宅、购物广场、大型超市、城市公共配套开发、工程建筑、市场开发运营等领域。澳林的发展与人们对美好生活的向往紧密相关——创造出"美好生活"既是潮流，也是未来的大趋势，与之相关联的产业和市场将会越来越大。我们应把握住这一机遇，为更多的消费者提供优质服务。

（四）坚持利他，健康发展

绝大多数人开始办企业是为了成功，为了在社会上拥有一定的地位，为了获得更多人的尊重——我也不例外。不过随着不断打拼和在工作中进行思考，我发现过度专注于个人得利的"狭隘"目标，很容易使自己迷失方向。我意识到：要及时把创业激情转变为社会责任，把工作转化为自己的爱好和生活方式——只有这样做，个人和企业才能发展得更好、更健康，走得更远。

到底要树立什么样的企业价值观来引领澳林接下来的发展，什么样的理念才能帮助我和团队把激情顺利转化为"细水长流"的坚持？我一直在思考这个问题。2016年，我写了一篇名为《从营销思维转型为价值思维》的文章，在这篇文章里，我试图从经济大环境的发展、企业家成长、企业战略等角度对澳林的发展进行分析。我认为，中国的很多产品市场正趋于饱和，由买方市场所驱动的经济增长将来会放缓。在供大于求的前提下，我们必须摒弃浮躁的心态，带领企业踏踏实实苦练内功，将个人和企业价值观都转向利他——全心全意为服务对象创造出真正的价值。

第一章 核心价值观才是澳林的根本大法

这篇文章承载了我阶段性思考的结果。在这之后，我逐渐将之细化，为澳林定下了进一步发展的基调，梳理出了核心价值观：我们的社会责任是什么？就是在企业健康发展（有合理利润）的前提下，为社会创造价值，要利他，而不是一门心思只计较自己的利益。

澳林的核心价值观中有五个关键词，第一个就是利他，我对它的阐释是："当我发现了服务对象的根本需求，当我为这一需求付出最大的努力，当我的作用变得难以替代的时候，我的发展就不是问题了"（简称"三当一就"）。我认为，只要全心全意为服务对象创造出真正的价值，对方就会自然而然地选择支持我们。以利己之目的，行利他之行动，事业就能健康发展；以利他之行动，成利己之成果，社会就能和谐繁荣。

做企业多年，利他正是我所理解、所坚持的商道，也是澳林核心团队的共识。在和我一起创业之前，澳林核心股东团队的每个人都有丰富的从业经验，大家正是因为相同的理想和价值观走到一起来，才能互相扶持奋斗至今。价值观的高度统一，可能就是我们做每一个项目（包括难度很大的大型实体零售）都能成功的原因吧。

现如今，很多人说我是成功者，但我认为成功与否不是靠与人比出来的，也不是做给别人看的。我认为，"尽人事"是我的责任，"听天命，知足常乐"是我要接受的结果。

所以无论多忙多累,我都一直在享受工作的过程,保持着创业之初的冲劲和勇气。

我总结了一下,心态上要做到三点:一是放下面子,做好本职工作;二是"尽人事";三是"听天命"。

好面子是中国人的一大特点,我也一样。不过理智告诉我,"今天为了面子不走正路,明天可能就更没面子"。放眼看去,商业社会中为名所累、为名走向失败的案例实在太多了。"面子"是结果导向的,过度纠结于个人当时的感受,往往走不长远。只有放低自我,真正享受做好本职工作的过程,十年磨一剑,才能获得成功。

不管从事什么职业,不管所在的企业大小,"尽人事"是每个人的职责,也是获得他人尊重的最好途径。只有尽力而为,才能无怨无悔。对我和澳林人而言,"尽人事"就是要尽最大努力服务于中小城市的消费者,让他们能同步享受到与大城市别无二致的美好生活——这是贯穿在我们创业和经营理念中的初心。

而最终事业成功与否、职位高低,结果往往不是我们自己所能控制的。"听天命"意味着只要秉承初心,尽力而为,最终就能平心静气、自然而然地接受结果。如果强行追求不切实际的目标,不但容易不快乐,还可能会使自己走偏方向。

"尽人事,听天命,随遇而安,知足常乐"也是我自己的座右铭。我创业至今，并非一帆风顺，经常需要面对很多艰难时刻，但我并没有因此觉得很累、很烦，这可能与始终保持着这种心态有关。而一路走来与我肝胆相照、共担风雨的股东团队及管理团队，也都对这种心态有很深的共识。我们正是在十多年的合作和实践中，一起将做事态度、人生感悟、企业初心和未来战略不断沉淀，逐渐内化为澳林的核心价值观。

分享我个人的创业体会，是为了让澳林人能从深层动因去了解企业价值观形成的过程，并希望可以与大家共勉。接下来，随着企业一个个阶段性目标的不断实现，我们在战略和工作方法上都有可能做出调整，但永远不变的，是澳林人的初心和脚踏实地、坚持不懈的努力。

二、我的观点

（一）企业文化

· 狭义的利他是以利己之目的，行利他之行动。广义的利他是以利他之行动，成利己之成果。澳林人在工作中理解和践行的利他则是"三当一就"。

· 诚实的人虽然不经意间会做一些冒犯别人或别人不理解的事，但因为自己内心敞亮，所以心态坦然。按照利他原则做事的人，虽然可能由于能力不足或工作失误，不能把事情做到完美的程度，但由于方向正确，且已竭尽全力，因此面对任何结果内心都能坦荡平和。诚实做人，利他做事，就是澳林人的价值追求。真正做到了诚实和利他，我们就会安心、幸福，就能赢得他人的认可与尊重。

· 澳林核心价值观的提出是为了约束或修正我们每个人身上的不足，努力使自己发展成为有理想、有价值的人。

· 在每个人内心深处，都长期共存着天使和魔鬼：天使代表善良、真诚、正直等所有的正能量；魔鬼则反之，代表贪婪、虚伪、邪恶等所有的负能量。天使与魔鬼是此消彼长的关系，要想在工作和生活中获得真正的成功和幸福，就要想办法让每个人内心的天使变得越来越强大。澳林核心价值观的本质就是通过理性的方式，帮助我们不断获得积极向上的观点、理念，让正向思考和知行合一成为人的本能。

（二）经营理念

· 只有提供的产品或服务达到或超出了目标顾客原本的期望值，对方才会心甘情愿地为你付费。做生意一定要仔细研究透目标客户的需求。对人性的理解越透彻，提供的产品或服务越与之匹配，就越容易发展。管理团队也如此，要充分理解人性对财富、事业和被尊重的需求，建立一个正向的考核激励机制，并完美地落实到位，这样做，就会自然而然地为澳林打造出一个强大的团队。

・我们利用人性挣钱，但不能利用人性的弱点挣钱。利用人性的弱点挣钱容易走向犯罪（法律或道德意义上的）。

・宁愿少卖一单货，也不愿顾客买错一件商品。

・做企业，生存是永恒的话题，只有活下来，才有"诗与远方"。所以，创新不能好高骛远、急于求成。我们在澳林提倡的创新原则和前提是：即使创新失败，企业的健康生存也不受影响。创新分为创造型创新和改善型创新两类，澳林人对改善型创新的理解是：创新＝专注＋解构。根据服务对象的需求，对产品（服务）各个细节进行细致的分解，再用极致标准不断改善某些细节，从而提升用户体验。

・澳林人对转型升级的理解是：转型升级＝专注＋创新。转型升级不是推倒重来，不是频繁转行，不是跟风盲动，而是要专注于熟悉的行业和领域，持续进行创新，不断增强核心竞争力。

（三）管理理念

・物以类聚，人以群分，你是什么样的人，就会吸引什么样的人；近朱者赤，近墨者黑，你身边是什么样的人，就会成为什么样的人。能走多远，在于你与谁同行。

·人才不是企业的核心竞争力，拥有吸引人才加盟、激发人才潜力、发挥人才能力、帮助人才提升思想层次的文化和制度才是企业的核心竞争力。换言之，能把人用好才是企业的核心竞争力。

·了解人性的弱点是有效管理的基础，要限制人性的弱点，而不是改造人性的弱点。

·任何事物都是相对的，绝对完美的企业及个人是不存在的，都会有一定的缺憾，也就是适当的灰度。所以，要理解人、欣赏人、包容人。

·管理者的价值是由其发现问题、解决问题的能力决定的，只会抱怨的管理者是不称职的。

·人在做天在看，如果你做事不是出于私心私利，对得起良心，就大胆干，少一事不如多一事。

·什么是"原则坚持到底，把话说透，把爱给够"？管理者要坚持以企业价值观为准绳，有原则、严格并公平地要求下属；下属所提诉求如不能给予满足，管理者要向其阐明原委，同时要给予下属真诚的关爱，并将这一切在语言或行动上体现出来。

·管理上，用人不疑，疑人不用；制度上，用人要疑，疑人要用。

·管理者是下属的家长、老师、服务员；要教育、关爱、帮助和包容下属，同时也要服务好下属。

・职业经理人要将营销思维转变为价值思维。牢记两点：一是将自己的职业能力提高到最佳水平，除去做好岗位职责要求的每一件事以外，每次都要比别人多努力一点点，做得好一点点，直至变得难以替代；二是耐得住寂寞，坐得住冷板凳，能沉下心脚踏实地地工作。只要做到这两点，只要每一天都在进步，这样的人就最终会实现自我价值，做出一番事业。

・什么是经理的真正内涵？就是能够组织和协调团队，和别人一起实现目标，帮助别人实现目标。若不会用人，不能调动下属的积极性，就称不上是合格的经理。

・企业不是争权夺利的名利场，不是靠给他人输送利益为自己建立圈子的工具。企业评判是非对错的标准永远是以集体的得失为依据的。比如，是否有利于促进企业的健康发展；做事的出发点是否"一切为了工作"。企业的属性要求我们回归工作本质——为团队创造价值。

・在澳林，我们认可"老板喜欢什么，你就做什么"的观点，但我们反对只做表面文章，因为管理者真正喜欢的是员工阶段性把本职工作做到极致、做出成果。作为管理者，也要用这样的观念去评价和要求团队成员。

（四）人生

· 我十分认同任正非先生的"豆腐论"。他说，小企业要真心诚意地磨好豆腐，豆腐做得好，一定是能卖出去的。只要真心诚意去对待客户，改进质量，一定会有机会。确实，我们把自己的"豆腐"磨好，就不愁自己的价值，不但对社会有利，更有利于自己的生存与发展。

· "创业难，守业更难"这句话与创业初心有很大关系。当创业者取得成功之后，如果不能及时将创业动力转变为社会责任感，而是把创业当成满足虚荣心、提高社会地位的手段，甚至放弃主业贪图享乐，"创业难，守业更难"的预言就很容易变成现实。因为一旦创业者不再把主要精力放在事业上，就很难在产品研发、客户维护、管理提升、生产改善等方面下功夫，企业疏于管理又急功近利，就很容易走向衰退。

· 在澳林，我们一定要放下面子，脚踏实地干事情。如果一个人总是耍权威、爱虚荣、争面子，必然耽误工作，做不出成绩。根据澳林人的人才观，这样的人必然不受重视，甚至会被淘汰，到最后更没面子。

· 我们总是会把自己的能力和作用无限放大，把别人的缺点和错误无限放大，这是人性的弱点。所以我们要时刻提醒自己克服这一弱点，多关注和发现他人的优点和作用。

·在职场上，没有人真正关心你面临的问题，人们关心的是你对他人的价值——这话听起来虽然很残酷，却很现实。

第二章　解读澳林核心价值观

澳林的核心价值观是：利他、诚实、用心、关爱、讲规则。

这几个关键词既相互独立，不可替代，又相互影响，相辅相成。利他、讲规则是澳林核心价值观的基础，是要求全员必须做到的；不诚实、官僚主义、贪腐等行为是澳林核心价值观明令禁止的；用心、关爱则是澳林核心价值观所提倡的。

无论身在何处，澳林人都应该有所为、有所不为，不能唯利是图、不择手段。

一、核心价值观：利他

利他，是尊重他人利益的行为。针对利他，有广义和狭义两种解读，我们在这里主要是对狭义的利他进行解读和分析。

利他是澳林的经营之本，是一切经营决策的指针，对整个核心价值观而言,具有纲领性作用。切实践行利他,可以使公司每一个层级都能把有限的资源、时间、精力聚焦在最核心的问题及工作上。

在商业领域,我们承认人性是自私的,公司不是公益慈善组织,利他的最终目的是利己。但利他和利己其实是一组形式上相互对立、实质上高度统一的原则,它们之间存在着互相依存、制约和促进的复杂关系。澳林理解的利他的精髓,是"三当一就":"当我发现了服务对象的根本需求,当我为这一需求付出最大的努力,当我的作用变得难以替代的时候,我的发展就不是问题了。"在澳林,我们提倡员工通过关注和成就他人利益,来实现自身价值。

在实践利他的过程中,澳林人切忌胡子眉毛一把抓,要学会运用解构方法论(详见本书第三章)这一独特的工具去对工作进行分析,并建立相应的系统性思考能力,这样才能找准最重要的服务对象,并发现他们的根本需求。在此基础上,我们应该努力提升业务能力,竭尽全力调动全部资源做事,这样才能让工作成绩出类拔萃,让自己难以被替代。如此,个人和组织的发展才不会成为问题。

借助利他原则及工具,员工能在职场中找到正确的努力方向;管理者可以进一步厘清思路,集中资源对准特定目标攻坚,从而获得发展;决策者的战略选择也能变得更加健康和明确,让所做决定更有的放矢。事实上,只要能做到真正全面的利他，澳林的核心价值观中剩下的四条——诚实、用心、关爱和讲规则自然就能一一实现。

（一）利他的作用

利他在澳林人的工作中发挥作用的地方有很多，我们建立了自己特有的"利他自查对照表"（使用范例见本章后文），供员工一一比对，确认自己的日常行为是否符合这一核心价值观。

首先，利他原则会让员工对工作方向更明晰、心态更平和。使用利他自查对照表进行自我分析，员工能清楚地知道：什么是必须做的；什么是应该做的；什么是不能做的；哪些工作是重要的；自己有哪些能力不足，要如何提高践行利他的能力。利他原则让"一切为了工作"成为员工行动的指南。在澳林的企业文化氛围中，只要员工的出发点是"一切为了工作"，即便部分工作没做好、做错了也没关系。只要出发点正确，员工只需要吸取经验，下次不要在同样的问题上犯同样的错误，就不会被管理者和同事否定，可以心无旁骛地认真做好本职工作，而无须惴惴不安地看人脸色——员工的工作心态会更平和。

其次，管理者在与下属沟通时，通过对利他自查对照表进行分析和自我分析，可以精确地指导他们如何才能变得更优秀。用利他这一原则进行衡量，管理者在告诉下属是什么原因没有给予提拔或加薪，或指出他们还有什么不足和缺点时，会更加公平、准确和有说服力。

再次，从打造产品或服务方面来说，使用利他自查对照表对客户需求进行深入"解构"，可以使我们知道如何改善产品或服务，如何取舍：哪些地方必须重点投入，哪些地方可以节约；哪些工作必须竭尽全力，哪些工作"差不多"就行。我们可以把有限的精力、物力用在刀刃上，以便为顾客（服务对象）创造出最大价值。

另外，在与客户交流时，如果能让客户发现自己面对的是一个能够真正为他们着想的团队，那么就会让团队在沟通中更有说服力，也会为后续合作中的平等交流奠定良好的基础。

最后，在与区域政府或合作伙伴交流时，通过向对方系统介绍澳林的利他方法论，找准服务对象，准确分析出对方最根本的需求，并迅速提出满足这些需求的针对性方案，可以让区域政府或合作伙伴认识到澳林团队有思想、有理论，也有实践能力，他们会给予这样的团队更多的信赖。

（二）利他与利己

有人或许会问，既然"人不利己，天诛地灭"，那为什么要利他呢？换言之，利他与利己之间是什么关系？

首先必须明确的是，个人也好，组织也罢，在商业领域里，利他的终极目的都是利己：追求和维护自己的利益，是人的本能。澳林的核心价值观并不回避这一点。但是，利他即满足和维护他人、社会的利益，是人的社会性表现，也是维护自身根本利益的需要。任何人在社会中都需要通过与他人交往才能生存，不利他，根本做不到利己；为了利己，也必须先利他。在实际的社会生活里，纯粹的利己和纯粹的利他都不可能单独存在，必须把利己与利他结合起来。

总而言之，利他与利己是这样一种关系：以利己之目的，行利他之行动，事业健康发展；以利他之行动，成利己之成果，社会和谐繁荣。自利则生，自利可能让企业在短期内获取一定的生存空间；利他则久，利他才能让企业真正实现基业长青。

所以，在推动企业经营发展的过程中，我们必须学习和秉承利他之心，坚守使命愿景，坚持做正确的事，回归经营的原点和本质：不急功近利、不机会主义，与利益相关方携手努力，共同构建更好的商业环境和生态，推进产业链的持续发展。

很多世界级的优秀企业都对暂时性亏损抱有一种相对理性的态度。它们的创始人或经营者都具有长远的战略眼光，他们认定，企业只要全心全意为目标顾客提供优质服

第二章 解读澳林核心价值观

务，保持良性经营，持续为消费者和社会创造价值，哪怕短期出现亏损，从长期来看，一定还是会获得丰厚的回报和盈利的。其中最有代表性的企业家，是毕生提倡"敬天爱人（利他）"精神的稻盛和夫（1932年1月21日—2022年8月24日）。稻盛和夫创办了京瓷（KYOCERA）和KDDI两家世界500强企业，并在2010年以78岁高龄零工资出任破产重建的日本航空公司董事长。稻盛和夫在日航亲自带领职员践行利他的经营观念与人生原则，对日航进行了大刀阔斧的改革，挽回了消费者的信任，仅用三年时间就使日航扭亏为盈并重新成功上市。

"利他之心"是稻盛和夫哲学的基础，为了客户、员工及社会的福祉，稻盛和夫可以舍弃自己及企业的利益。按照商业社会中的一般游戏规则，这样做的结果往往是自损，但在将利他原则坚决贯彻到底之后，稻盛和夫领导下的京瓷和KDDI尽管在经营中遭遇过各种困难，并经历了几次经济危机，却始终没有出现过亏损。

在利他的前提下，真正优秀的企业家对时下最热门的技术也会抱持一种冷静、客观的态度。利他原则会帮助他们正确地做出评估：新技术能否真正成为企业与用户连接和互动的契机，新技术能否帮助员工和企业挖掘出内在潜力，新技术是否真正为用户创造出了价值。面对层出不穷的新技术，明智的企业家应该少讲概念、少追热潮，多思考当自己引入某一项新技术时的初心,思考新技术到底能为自己的客户,也就是"他"带来什么,思考引入新技术后能否为企业带来真正的"加速度"。如果一项新技术不能给用户创造实实在在的价值,无法带来企业内部效率的提升,甚至无法激发出员工创造的热情,它就是没有意义的,只能白白耗散组织的激情,浪费公司资源。

(三)利他的四个维度

澳林现在倡导的"三当一就",是利他这个核心价值观最精准的表述:"当我发现了服务对象的根本需求,当我为这一需求付出最大的努力,当我的作用变得难以替代的时候,我的发展就不是问题了。"前面三个"当",是充分必要条件,缺一不可;后面一个"就",是必然结果。在澳林,唯有深入理解"三当一就",才能深刻认识、领悟和践行利他。

澳林核心价值观对利他的定义有四个维度:服务对象、根本需求、竭尽全力、难以替代。

1. 服务对象

利他,就是需要换位成"他"来进行思考,就是一切都要站在"他"的角度,分析"他"的需求,切实地为"他"着想,并努力满足"他"的需求,真正为"他"创造价值。换言之,你的眼里得有"他"。

第二章 解读澳林核心价值观

为什么要强调换成"他"来思考,而不是我们熟悉的换"位"思考?这是因为,我们要时刻想着自己要"利"的对象——"他"。"他"不同,"位"自然也就不同。因此,对澳林人来说,第一个需要思考的重要问题就是:"他"是谁?也就是说,我们要服务的对象到底是谁?一般来说,我们需要从狭义和广义两个角度来定义"他"。

(1)从狭义的角度定义"他"。

从狭义的角度讲,"他"是一切能为"我"带来利益的人。换言之,谁能利我,我就利谁;谁为我的业务买单,我就服务谁。

就拿小商品城和建材市场来说,表面上看,澳林需要服务的对象很多,比如业主、股东、政府、员工、经营户还有消费者,但我们经过分析后认定,经营户才是小商品城和建材市场中最重要的服务对象——只有经营户发展顺利,赚到了钱,小商品城和建材市场才有活力,才能健康发展,才能让包括股东在内的所有相关方都获得利益。所以,我们需要集中手头的资金、资源、精力和头脑等一切力量,服务好经营户这个"他"。

由此可见,明确"他"还存在一个如何聚焦的问题。在任何业务里,员工面对的服务对象都是多种多样的、复杂的,这是否意味着我们的利他对象也有多个呢?或者说,这是否意味着我们面对这些"他",必须提供完全一样的服务呢？并不是。因为我们的人员、精力和资源都是有限的，如果不能聚焦，胡子眉毛一把抓，最终会无法服务好每个服务对象。在我们面对的诸多服务对象中，总有一个起决定性作用的"他"——只有通过对项目本身进行细致的分析和拆解，我们才能找到最根本的服务对象。最终，只要全力满足了这个"他"的需求，其他服务对象的需求就会很自然地获得满足。因此，我们必须学会聚焦，找到最根本的服务对象。

举例来说，对实体零售商这一角色而言，澳林的服务对象是消费者，因为我们获得的每一分营业收入，都是由消费者支付的。对于在地产板块推出"城市会客厅"的创新者而言，我们的服务对象是中小城市中对美好生活有较大需求的市民们，尤其是年轻人，他们愿意到澳林的"城市会客厅"中消磨时间，享受休闲。对每一个澳林人来说，只有找到并牢记每个业务板块的服务对象是谁，才能尽全力为其提供满意的服务。

以上主要是从业务板块的角度来确定外部服务对象，对澳林内部职能部门的员工而言，道理也一样。比如，公司财务总监的服务对象显然是公司，但对于他所带领的财务部来说，服务对象就是公司内部的兄弟部门、公司外部的合作伙伴以及上级部门的领导。

每个员工如何有针对性地找到自己的具体服务对象？

澳林独有的利他自查对照表是最重要的辅助工具，怎样使用这一工具，我们将在后面详细说明。

总之，只要我们能明确服务对象，始终围绕服务对象，聚焦于"他"的需求开展工作，就可以坦荡地面对所有的人和事，专心工作。既不用看他人脸色行事，更无须巴结领导或阿谀奉承，从而让自己的努力方向变得明确，让工作变得纯粹。

（2）从广义的角度定义"他"。

广义的"他"就是除了"我"之外的一切个人和组织。这个角度的利他，类似于关爱部分里的"大爱无疆"，这是一种向善、积极的精神力量。

目前，澳林的利他这一核心价值观所强调的，主要还是狭义角度的"他"。

2. 根本需求

明确了服务对象，确定了"他"是谁之后，我们就应该把目光转向如何发现服务对象的根本需求了。

有句话说得好，客户不是要买化妆品，而是要买"漂亮"：化妆品是客户的表面需求，想要变漂亮才是根本。生活中往往存在着这样的情况，客户表达出的需求其实与内心潜在的真正需求不同。或者说，有时连客户也不太明确自己究竟想要什么。这就需要我们通过客户的表述，去挖掘和发现客户内心的根本需求。

要发现客户的根本需求,首先要将心比心,换"他"思考。也就是说,我们需要运用共情与分析能力去思考,参考自己的人生经验,并用解构的方法,去提供一个适合对方的最优选。消费者其实非常敏感,他们能够准确地感知什么样的建议是在真心替自己考虑,什么样的建议是敷衍、毫无诚意的。消费者获得了真正有价值的推荐,就会持续信任我们。

其次,要学会根据重要性将多项需求进行归类、合并、简化,这就是利他方法论——解构。一旦用对了方法论,我们就不难发现服务对象的根本需求。

比如,对小商品城的经营户而言,他们的需求很多,既包括赚钱,也包括希望搞好小商品城的周边环境、交通、配套等,但什么才是他们的根本需求呢?如果我们从经营户的角度去思考问题,根据重要性来为这些需求排序,那么很明显就可以知道赚钱才是他们最根本的需求——只有经营户能赚到钱,小商品城生意红火了,他们的其他需求才能被更好地满足。

利用解构方法论,我们也能对零售板块的服务对象——消费者的根本需求进行清晰的梳理。他们的需求与商家本身的性质(是否电商)及卖场无关,只与以下六个方面有关:轻松找到中意的商品,性价比最高的商品,品质有保障的商品,购物便利,良好的购物体验,无忧的售

第二章 解读澳林核心价值观

后服务。这六条才是消费者最重视的根本需求。

再比如，公司这个"他"。对财务总监这一职位的根本需求是：全面贯彻公司核心价值观，将财务团队打造出超强的战斗力，出色地完成公司的财务工作，并培养出优秀的财务人才和财务管理人才；提高财务处理能力、资金运营能力及风险控制能力；具备高超的税收筹划能力，在合规的基础上尽力为公司降低税负；通过财务数据为高层决策提供重要的管理建议和具体方案；服务好兄弟部门和外部合作伙伴。如果财务总监具备高超的职业素养，能用心做好以上工作，他的职业发展肯定不是问题。同理，公司其他各个岗位对用人的要求也都是一样的。

总之，要发现服务对象的根本需求，既需要提高情商和认知广度，更需要利用解构方法论提高综合分析问题的水平，如此才能提升抓住问题本质的能力。

3. 竭尽全力

找到服务对象的根本需求以后，我们就应该竭尽全力去满足他们。所谓竭尽全力，就是要付出百分之百的努力。每个服务对象的满足标准有高有低，但从我们自身的角度来说，一开始就要以最高服务标准来要求自己，这样才有可能让服务对象满意；反之，如果开始就想着用低标准敷衍了事，那么肯定无法满足要求高的服务对象。

让各方满意最有效的方法，其实是竭尽全力地主动提供服务。

（1）如何才能做到竭尽全力？

首先，你应该明白自己需要具备哪些工作能力。为了做到这一点，可以借助利他自查对照表。它不仅可以帮助你发现服务对象是谁，他们的根本需求是什么，还能帮你明确自己（提供服务）需要具备哪些相关能力。

表2-1是澳林内部的利他自查对照表范本，每个员工都必须填写。这样做有助于员工在工作中厘清思路。而请上司、同事参与修正和细化，则有助于员工加深对利他和工作职责的认识（由于员工自己对利他自查对照表内需要填写内容的认识未必准确，所以来自上司、同事的帮助是必不可少的）。

表2-1 利他自查对照表范本

部门：澳林购物广场　　职位：总经理

	服务对象	根本需求	能力要求
个人层面	公司	（1）不断研究业务，保证经营效果（销售、利润），保证企业运营安全	专业能力，标准化、程序化的管理能力
		（2）提升全体干部、员工的服务意识及服务质量，做当地及周边企业的服务标杆	服务培训能力及思想教育能力
		（3）培养干部及有潜质的下属，为公司的发展不断储备及输出人才	业务培训能力及专业操作能力
		（4）在公司企业文化的指导下，打造一个出色的团队，并做好廉洁管理	企业文化践行及宣传能力，领导力和自我管理能力
部门层面	顾客	（1）品质问题零容忍。确保商品的质量、品相及时尚度等，满足顾客日益增长的对美好生活的追求（品质无忧）	高度重视品质的意识，食品规范证照管理能力，在日常经营中发现并解决问题的能力
		（2）优化进货渠道，加强源头采货，控制采购成本和管理费用，保持超低加价率，让顾客购买到性价比高的商品（高性价比）	提高全员优化渠道、降低采购成本的意识，严格遵守公司的加价率规定

续表

	服务对象	根本需求	能力要求
		（3）站在顾客角度，诚心诚意为顾客着想，提供满意服务，培养顾客忠诚度（100%无条件退换货）	视客为友的意识及行动，贯彻100%退换货这一经营原则的能力
		（4）"代客购物"，站在顾客需求角度精心挑选引进商品，让大部分顾客能购买到合心意的商品（精心挑选商品）	对市场及行业有深度了解，培训并带领干部进行定位调整、商品结构剖析、库存结构优化的能力，同时在经营和服务中做到有价值的创新
	员工	关爱员工，为员工提供一个公平、公正、友善的宽松环境，让员工自发主动地工作和积极参与创新	认真践行核心价值观，有良好的思想教育、沟通能力及薪酬规划、调整能力
	外部单位	保证与合作伙伴达成良好的沟通及合作，减少或杜绝出现不必要的麻烦	良好的沟通能力、积极的合作态度，熟悉各项法律法规
	集团其他部门	站在全局角度看问题，做好其他部门的配合工作	团队协调意识及能力

其次，竭尽全力是要我们努力提高相关的业务和管理能力。如何才能提高能力？一是要有提高自身能力的强烈意识；二是要找到提高能力的方法。这方面的具体论述见核心价值观的用心部分，其中的关键是要追求精益求精。

第二章 解读澳林核心价值观

再次，竭尽全力也是要我们使出自己的全部力量做好工作。有些人无论于公于私，都奉行"差不多就行了"的原则。然而，尽力与凑合，结果相差甚远。试想，我们真正拥有的东西就是自身的能力、品格，如果连自己的能力都不舍得用，如何能够取得成功呢？尽力是人的本分，如果工作不尽力，自身价值又如何体现呢？更何况，通过工作和训练提高了自身能力，却不发挥出来，不就是浪费吗？"差不多主义"害死人，就是这个意思。

同时，竭尽全力也指我们必须全力使用自己所有的资源。这里的资源既包括公司内部资源，也包括私人的资源。有些人把公私分得太清，从来不动用自己的资源为工作服务。有些人则会调动自己的全部资源为工作服务，以把工作做好作为最终目标。显然，后者是受公司欢迎的人，也是被社会认可、受他人尊重和有成就感的人。

竭尽全力当然也包括适时地向同事或朋友求助。有个故事说，一位父亲让儿子把院子里的大石头搬起来，儿子使尽浑身力量也搬不动。儿子也开动脑筋，用了杠杆等各种办法，但大石头仍旧纹丝不动。最后，儿子告诉父亲，自己虽已竭尽全力，但还是达不到要求。父亲对他说："你并没有竭尽全力，因为我一直站在你边上，你却没有向我求援。"所以，竭尽全力并不只是要使用自己的力量，求援也是竭尽全力的应有之义。只有那些竭尽全力并能真正调动起全部资源做事的人，才更有可能成功，才配得上成功。

这里需要强调的是：一方面，我们反对在工作中溜须拍马、阿谀奉承；另一方面，我们又鼓励大家为了利他，为了完成工作，用感恩和诚恳的态度，积极向他人求助。公司中的每个同事都有自己的岗位职责，在完成自己工作的前提下帮助别人，需要付出额外的精力、资源等，我们自然应该感恩同事的帮助。如果需要公司外部人员的帮助，无论是不是对方职责范围内的事，我们都更应该学会感恩他人。总而言之，为了出色地完成工作，我们去寻求帮助：对当事人自己来说，这是天大的事——如果别人不帮忙，工作成效就会大打折扣；但对于别人而言，这是一件"帮你是情分，不帮你是本分"的小事。因此，只有心怀感恩，并在面对别人的帮助请求时，也能热情回报施以援手，我们才能在公司内部和社会上收获真心的帮助，进入工作和人际关系的良性循环。

最后，竭尽全力其实并不等于平均用力，这里面有一个舍与得的诀窍。如果我们不懂得做出选择，对任何事都平均用力，就会导致在非关键点上白耗力气，对关键点却不能着力突破，其结果一定是什么都做不好，能力也不会有所提升。明白如何舍与得，找到问题的主要矛盾，再竭尽全力处理，才可能成功。

澳林之所以能够闯过创业道路上的种种难关，根本原因就是我们在创业初始就坚持利他，既能找准服务对象，又能发现服务对象的根本需求，并迅速通过行动竭尽全力满足了服务对象。

（2）学会转换视角。

有时候，事情就是不顺利：车到山前未必有路，船到桥头也未必直。

如果各种方法都尝试过了，还是无法解决问题，那么我们可能需要"转个弯"，换个视角，爬到山顶上去找出路了。因为，在山脚下，你环顾左右，可能会发现周围都是森林，除了树什么也看不到；站在半山腰时，路径有可能在树木的掩映之中若隐若现；只有站到山顶上，通往目的地的每条路径才一目了然，而且你还可以从容地对比选择。

所以，在工作中，当我们发现即将"撞南墙"时，要学会"转个弯"，也就是转换视角，站在上司的角度去思考，自己的任务和目标在团队的整个布局中起到了什么作用。这样做，能帮助自己重新做好定位，迈步前行。如果我们站在上司、更高一级管理人员，甚至董事长的角度去思考问题时，就会对自己的任务有更准确的认识，竭尽全力去达到目标时，也能更有的放矢。

4. 难以替代

难以替代，本质上与用心部分里的"极致"是一回事。澳林在各地的项目为什么越做越大，有些项目为什么地方政府会指定由澳林来做？澳林"城市会客厅"项目为什么越来越受到各个城市消费者和政府的欢迎？根本原因是澳林在一定程度上做到了难以替代：地方政府跟澳林合作放心，各方合作伙伴的前景可预期，成果也让各方都满意。

（1）什么叫难以替代？

在澳林，我们认为至少要符合两个层面的要求，才能被称为难以替代，这也是满足服务对象的根本需求所必须达到的两个标准：一是在业务能力上技高一筹，不断进步，别人始终难以追赶；二是在服务成果上出类拔萃，为服务对象创造出超预期的价值。

（2）难以替代只是暂时的。

难以替代虽然是我们的目标，但不能成为自高自大、停止学习的借口。这个世界充满了竞争，当我们觉得自己不可替代时，其实竞争对手随时都在跃跃欲试将我们取而代之。本质上讲，不可替代的状态是不存在的，难以替代只是暂时的。学无止境，我们的能力、水平的提升没有尽头，每个人都只有不断精进、终身学习，才能做到难以替代。

（3）如何保持难以替代性？

首先，我们要对自己的业务内容非常熟悉，而不仅限于一般性了解。这就需要我们用心注意每个细节，比别人更善于钻研和学习。

其次，我们要认真思考，结合知识储备，利用解构方法论来预测工作的发展趋势，提前做好应变准备。个人如此，组织更应如此。我们应时刻不忘"充电"，让自己的思想和行为能跟上服务对象的变化和发展。

最后，要培养跨界思维的能力，从其他工作岗位、其他企业、其他行业或领域寻求思维上"灵光一闪"的突破。没有跨界思维，很难实现真正的创新。任何人在思维的深度和广度上都还有无限的空间可以拓展，在品行提升上也是如此。我们要随时注意保持谦逊、勤奋和稳重的品格。无论时代多么提倡个性张扬，勤奋、好学和谦逊的人总是受人欢迎、让人信任的。

任何工作，只要我们把它做到极致，始终围绕服务对象的根本需求竭尽全力，最终都能脱颖而出，达到难以替代的程度。

◆ 总结

对澳林的员工而言，利他主要是为公司创造价值；对部门而言，利他主要是为兄弟部门或外部顾客创造价值；对公司而言，利他主要是为业主、经营户、消费者和员工等利益相关者创造价值。只有为他人创造出真正的价值，个人、公司、社会之间才能形成良性循环，不断健康发展。

在澳林的核心价值观中，利他和诚实互为表里：只要坚持纯粹的利他，我们完全可以避免"办公室政治"、拉帮结派、阿谀奉承等被诚实这一价值观所反对的行为。"人在做，天在看"，只要我们没有私心杂念，所作所为对得起自己的良心，就完全可以坦荡地面对所有人和所有事。只要我们积极践行利他囊括的所有规则，就能让工作变得更加轻松纯粹，更容易出成绩及获得成就感，随即进入职业生涯的良性循环。

从根本上来说，利他也是治疗并克服组织刚性和官僚主义的一剂良药。

◆践行案例

1. 与商户共同发展（乐陵澳林商贸城）

澳林刚到乐陵市开发的第一个项目，就是乐陵澳林商贸城。当时，项目选址所在地和市中心有一段距离。商贸城建成后，不少入驻的商户经营能力较弱，单纯依靠他们自主经营想获得迅速发展，难度很大。如果澳林放任不管，长此以往，伤害的是商户和业主的切身利益，更会影响到澳林在乐陵的长期发展。决策层认为，唯有保障商户的核心诉求，才能保障包括股东在内的相关方利益，这便是后来澳林人提炼利他这一核心价值观的基础，也是"三当一就"理念的雏形。

第二章 解读澳林核心价值观

澳林人当时把服务对象聚焦到最重要的群体——商贸城的商户,并尽最大努力去满足商户的核心需求,具体措施如下:(1)开办各种培训班为商户讲解做批发生意的思路;(2)公司出资购入一辆客车,指派专职人员与商户一同到小商品生产地源头义乌进货,帮助商户寻找理想货源、对接意向厂家并进行商务谈判;(3)公司成立推销团队,购入数台面包车,与商户一起到方圆百里左右的下游门市部进行推销,帮助商户与下游门市部之间快速建立起批发关系;(4)为应对小城市物流不发达的现实情况,公司又购入多辆物流车帮助商户将商品配送至下游门市部。

由于商贸城刚开业不久,以上措施仍不足以养活商户,为了提振商户的信心,提升商贸城的客流量和关注度,鼓励商户持之以恒地坚持下去,澳林又采取了一系列促销措施。当时最核心的措施有两个。(1)免费发放无门槛代金券,消费者凭代金券可以在商贸城的任一商户处实现无门槛购物。比如,消费者要购买一件售价为10元的商品,可以直接用10元代金券购买该商品,商户凭代金券可以到澳林财务部100%兑换现金。(2)有节日利用节日,没节日创造节日,澳林坚持为商贸城做人气活动。以上所有措施和活动产生的费用,在前两年全部由澳林承担。

正是凭借这一系列利他的措施和活动,商贸城慢慢红火起来。澳林也因为这种全力帮助商户发展的经营理念,获得了商户和业主的深度认同，在乐陵形成了良好的口碑，这为澳林未来在乐陵生根发芽奠定了坚实的基础。

2. 真诚派送 2000 万元（永城澳林购物广场）

澳林第一家大型商超开业是在 2014 年 10 月 1 日，当时电商风头正劲，很多人认为电商终将取代实体零售。但澳林认为，零售业的服务对象是消费者，他们在购物中最关心的根本问题，始终是商品的品类、款式、质量、价格和购物的便利性、体验感以及售后服务，至于网购与否，只是表象。

我们做出这一判断，正是基于澳林的利他这一核心价值观。因为持续为消费者的根本需求考虑，所以，澳林人在零售领域长期坚持做了以下五件事：（1）100% 无条件退换货的售后服务；（2）源头采购，超低加价率，把实体零售做到比网购还便宜，让消费者真正获得实惠；（3）拒绝低质量和假冒伪劣商品，品质问题零容忍；（4）精挑细选商品，尽量在有限的空间里为消费者提供最想购买的商品；（5）视客为友的导购服务，倡导"宁愿少卖一单货，也不愿顾客错买一件商品"的服务理念。

所谓 100% 无条件退换货，就是没有期限、责任、原因等限制性条件，完全满足顾客对售后服务的需求。只要顾客不满意，哪怕我们有一些损失，也不能让消费者的钱白白浪费，这样还可以不断促使我们对选品提出更高的要求。澳林实体零售之所以在这个时代还能做起来，正是因为在成立之初就严格按照利他的核心价值观来指导经营，最终得到了消费者的认可，从而获得了良好的发展。

永城澳林购物广场开业之初，为了让消费者快速知晓我们的经营理念，并到现场体验没有后顾之忧的购物方式，我们推出了一项促销措施——"白送2000万元，邀您来体验，放心商品良心价"，也就是顾客只要办理会员卡，就能领取200元无门槛现金券，送完2000万元现金券为止。此次促销活动举办的初心真诚、实在，因此吸引了一大批消费者参与。

通过这次活动，永城消费者充分认可了澳林利他的经营理念，澳林也在永城沉淀了第一批忠实顾客。在此之后，越来越多的顾客愿意选择到澳林购物广场来购物。正是基于这份坚持，永城人对澳林越发信赖，逛澳林购物广场成了永城人日常生活购物的必选项之一，澳林在永城的发展也越来越好。

3. 践行利他共同成长（乐陵澳林财务部）

乐陵澳林公司的财务总监，是一名有着13年司龄的老员工，对公司的利他理念理解深刻。她从文员转岗到财务部，并一步步成长为合格的财务总监的过程，便是践行利他核心价值观的过程。升任财务总监后，根据利他自查对照表，她把公司这个服务对象对自己岗位的根本需求整理

利与他

了出来。

（1）贯彻企业文化和制度要求，以身作则，带领好部门团队；

（2）学习税法专业知识，为公司做好税务筹划；

（3）合理安排资金，确保资金效益最大化；

（4）及时、准确地提供财务数据，为决策者提供参考；

（5）站在财务角度，定时为公司提出经营管理上的意见和建议；

（6）服务好公司内部的兄弟部门和公司外部的合作伙伴；

（7）处理好其他与财务相关的工作。

她将以上几条核心工作要求写在电脑桌面上，以此不断提醒自己坚定地朝着这个方向努力，专心致志做好本职工作，竭尽全力提升工作能力，获得了良好的职业发展。践行利他核心价值观时，她还有额外的收获，那就是可以全身心专注于业务水平的提高，不用看领导脸色行事，不用顾及所谓"办公室政治"。她认为，一旦真正贯彻了澳林人利他核心价值观的要求，自己在这个团队中不仅能凭借实力获得大家的尊重和认可，还能更加轻松、舒心、愉悦地投入工作中。

4. 全心全意为业主（乐陵澳林物业）

澳林的各个单位、各个部门都在贯彻、运用利他理念

第二章 解读澳林核心价值观

以及相应的方法论和工具。乐陵澳林物业的工作取得了一系列成绩，就是贯彻了利他理念的好例子。

根据"三当一就"方法论的要素分析，澳林物业的服务对象是广义上的全体业主，庞大的业主群体有多样化和复杂的需求。为了让绝大多数业主的个性化需求得到真正满足，澳林物业的员工需要细化业主群体。为此，物业团队在每个小区的每栋楼里都安排了专职的物业管家。物业管家们将每个单元分解为每户业主，为每户业主的信息建立档案，以每栋楼为单位，将这些业主信息集中起来建立了一套"业主动态圈"挂在办公室的墙面上。只有做好这些基础工作，物业才能具备为每一位业主提供个性化服务的实力。

根据业主信息和业主动态圈的实时信息，对于出租房，物业管家们需要在物业部备案租房合同和承租人的身份证，并定期上门访问；对于行动不便且子女不在身边的老人，物业管家会定期上门提供服务，比如打扫卫生、基础健康检查等。在母亲节、父亲节、重阳节等节假日，物业管家们还会举办一些专门的活动，比如，在母亲节当天，管家们会给母亲们送一朵鲜花，礼物虽不贵重，但很温馨。有些老人说，没想到这辈子第一次收到的鲜花是澳林"闺女们"（不少业主称物业管家为"闺女"）送的。对于年轻人，物业管家提供的是"不服务"，即免打扰，他们深知，对于独立自主的年轻人来说，做好日常工作，尽量"免打扰"才是最好的服务。

通过以上点点滴滴的工作细节，众多业主感受到小区"有人情味""有温度""有爱"。澳林物业能获得业主们的理解支持，是员工们贯彻利他理念，运用利他方法论和工具取得的成果。

二、核心价值观：诚实

所谓诚实，就是要说真话、办实事。诚实，是澳林所有经营管理工作的指导思想和根本。

诚实是中华民族的传统美德。《中庸》有云："诚者，天之道也；诚之者，人之道也。"意思是，诚是上天赋予人们的道理，是万物本真的状态，是上天的原则，努力做到诚，则是做人的原则。在任何一个社会中，诚实都是每个人必须具备的基本品德。那么，什么是我们在工作中所推崇的诚实呢？

诚实在澳林有四个标准：实在；坦诚；诚信；勇于担当，进而内心坦荡。

（一）实在

诚实就是真诚、实在，无论是在生活中还是在工作中，无论对什么人、什么事，都要真诚、实在，不能口是心非，不能说假话、空话、套话、废话，不能彼此猜忌、揣摩。

从小父母就教导我们："做人要实实在在，做事要规规矩矩。"诚实，一直是中国人安身立命的根本。从古至今，有人走正道，有人入偏门。循正道而成功，实至名归，值得敬重；走偏门而成功，最终必然失败，徒然惹人嗤笑。

当然，成功是多种因素共同作用的结果，走正道不一定成功。既然如此，为什么还要走正道呢？其原因有二：一是走正道能让人心安；二是走正道是成功的必要条件——就像建楼房一样，只有打好地基，才能在这个基础上建造高楼大厦。

做人做事真诚实在，我们的人生会简单、快乐许多；反之，如果浮华虚夸，惯于撒谎，就会活得很累——撒了一个谎之后，需要用更多的谎言来掩盖它，只要其中任何一个谎言被戳穿，个人信誉就崩塌了。当一个人失去了信誉，还能成什么事呢？

在人生这场漫长、艰辛而又充满新奇冒险的旅途中，要想最终攀上成功的顶峰，需要坚持的唯一真理就是真诚、实在。

既然如此，在日常工作中，如何做到真诚、实在呢？

1. 对上司，不卑不亢

卑，就是自卑，不自信；亢，就是狂傲自负，自信过头。

多数人在上司面前表现出来的不是自负，而是自卑。因为上司掌管着我们的绩效评价、工资、晋升等，所以，大多数人在面对上司时，难免有所顾忌，表现得低人一等或阿谀奉承，希望以此来换得上司的认可。其实大可不必这样，员工干工作尽心尽力，面对上司不卑不亢，汇报工作有理有据，上司才会真心尊重认可你。因为上司看重的是下属的工作能力和绩效，而不是恭维或奉承——没有这一认知，就没资格做上司。

要牢记这一点：在任何一个组织里，做好自己的工作才是最重要的。我们每个人都要想清楚自己能为公司创造什么价值，这样，才能在公司获得更好的发展。

员工虽然是公司中的"小兵"，但绝对有资格抬起头，大大方方地面对上司。要明白，职场是动态的，上司不过是职位暂时比员工高，能力和资历暂时比员工强，但在人格上大家是平等的，员工完全可以不卑不亢地站在上司面前。

领导干部要以身示范、正人正己。俗话说："村看村，户看户，群众看干部。"群众看干部什么？看干部怎么说，更重要的是看干部怎么做。上梁不正下梁歪，做领导干部的念歪了经、做偏了事，下面的人自然就更不走正道了。相反，领导干部要想使下属真心实意听命于己，要取信于人，首先就要树立良好的领导者形象。这包括对上、对下两个方面：对上，自己若在上司面前奴颜婢膝，则既不会给上司留下好印象，也无法赢得下属的尊重；对下，如果因为不当行为导致下属自卑或自负，则自己也不会得到下属真正的信服。这样的领导干部，只能暂时为自己赢得表面上的权力和地位，而无法获得下属真正的尊重和信赖。

怎样才能做到不卑不亢？

要做到不卑不亢，一是要尽职尽责，二是要对本职工作做到心中有数。在此基础上，汇报工作时有一说一，既不夸大成绩，也不掩盖缺点和失误，更不弄虚作假、歪曲掩盖事实。

不卑不亢还要求我们在工作中保持专业的态度，就事论事，不涉及任何个人恩怨和是非，只有这样，才有利于改进工作。搬弄是非、假公济私，对公司有百害而无一利，必须坚决杜绝。

2. 对下属，不骄不躁

骄就是骄傲，甚至骄狂；躁就是浮躁，甚至狂躁。

这里的"下属"不一定是管理者直属部门的下级，也可能是在其职能管理范围内的对象。公司赋予了不同部门管理者一定的权力，包括决策权、签字权、监督权、检查权、建议权、奖惩权等。在日常管理中，管理者要运用这些权力进行工作安排和指导，时间久了，很容易滋生目中无人、耐心不足、傲慢无礼、听不进不同意见等习气。这导致了管理者自以为高高在上,不愿意到一线去,不愿意放下身段与基层人员平等沟通,更不愿意帮助下属成长。

这种管理者往往喜欢在工作中打压下属,给下属"穿小鞋"。比如,开会时总是提问张三,对张三提交的方案总是不满意(也不说原因),任务分配中总是让张三占重头,有事没事就查张三的岗……这种与员工斗法的"猫鼠游戏",表面看是彰显了管理者的权威,结果只会适得其反。"群众的眼睛是雪亮的",这种做法会让整个团队离心离德,最终害人害己。

管理者之所以是管理者,往往是因其在某些方面较为专业,而且过往的成绩优异。但头衔只能赋予管理者名义上的权力,众人听不听、服不服,还得看管理者的思路、能力、人格和魅力。如果管理者总是犯上述毛病,轻则挫伤下属的积极性和主动性,重则会引发或激化内部矛盾,导致团队分崩离析。这样的团队,面对市场竞争,怎么可能有凝聚力和战斗力呢?因此,管理者应该定时为自己的心灵"除尘",要放低姿态,让自己的心境平和、态度端正,这样才能做到不骄不躁。

管理者首先应该明确自己的定位,那就是做下属的教练、家长和服务员。只有明确了这一职责定位,管理者在与下属保持有效、频繁的沟通时,才会多一点耐心,主动帮助下属,才不会轻视甚至打压下属。管理者必做的功课包括在这一定位下的不断自省,应经常自问:"我信任自己的下属吗?我给他们足够大的舞台任其发挥了吗?我鼓励下属挑大梁、承担重任了吗?在下属因为经验不足等原因产生工作失误后,我是愿意做他们的坚强后盾,为他们指点迷途,让他们尽快成长,还是惯于推卸责任,责罚他们?"

要做到不骄不躁,除去明确自身定位之外,管理者还需要端正对下属的态度。首先,要懂得尊重、包容下属,懂得谦虚谨慎,要不断鼓励下属去钻研、去创新、去合理试错;其次,必须心胸开阔、视野宽广,不能"武大郎开店——高我者不用",否则只会导致团队整体水平和战斗力下降。

3. 对同事,以诚相待

这里的"同事"不单单指自己部门的同事,还包括其他部门级别相仿的同事。同一部门的同事间,自不必说,平时"低头不见抬头见";不同部门的同事间,也会有工作上大大小小的业务交叉,可能需要交接工作、配合办理业务、提供数据资料等协作。十根手指长短都不一样,同事们在能力、学历、性格、说话办事方法上也必定不一样。同事间往往存在竞争、合作两种关系,处理好了,大家共同进步;处理不好,就会出现明争暗斗甚至拉帮结派之类,让团队分崩离析。

如何处理好同事关系？关键是要以诚相待。

以诚相待的第一步就是彼此尊重——敬人者，人恒敬之。首先应学会尊重同事间的个体差异。一样米养百样人，如果以差异为噱头，乱传小道消息，一定会"搬起石头砸自己的脚"。有的同事可能因为能力突出，也抓住了机遇，做出成绩得到了上司的青睐，成为大家眼中的"红人"；而有的同事可能因为一些原因，始终默默无闻、脚踏实地工作。事实上，在工作中并无高低贵贱之分，无论面对在什么位置上、有什么样成绩的同事，大家都应以诚相待，不能厚此薄彼，这样才能建立和谐的同事关系。

这里需要特别说一下，新老同事之间应如何以诚相待。新同事应该主动向老同事取经求教；老同事应该不藏私，多多指点新同事。老同事工作经验丰富，聆听他们的见解，学习他们的工作方式，不仅能减少新同事以后走弯路的可能性，也会使老同事感到被尊重。而如果是公司引入的高级职业经理人，对企业里资历深厚、能力却可能不及自己的老同事，更需要以诚相待。老同事也要明白，在新人最需要帮助的时候，主动伸出援助之手，一定会让他们铭记终生，心存感激。在以后的工作中，他们也会积极配合，让团队中洋溢着互助的气氛。

在公司里，我们经常能看到这样的现象：当接到顾客电话或有顾客需要接待时，有人一看不是自己部门的业务，或者与自己关系不大时，就开始推脱，或者干脆说"不知道""你自己去找找吧""我们部门不管这些事"等。此时，事情已经变质，看似是同事间的问题，其实已经演变成了团队的问题。

4. 对工作，笃行务实

企业是营利组织，这就注定了我们每个人对待工作的态度必须是务实的。务实就是讲究实际，一个务实的组织才有可能发展，一个务实的人才有可能成功。

因为务实，在华为拓展市场初期，任正非也会亲自上阵，为获得客户的认同而全力以赴。在华为成功后，任正非不太与媒体打交道，因为他觉得空谈无益，要坚持说实话、说真话、办实事。

有一个规律，越务实的人越不在乎名气大小，越在乎名气大小的人越不务实。

"真诚"让我们消灭了虚假，"实在"则强调我们要脚踏实地，要把理念变成现实。

5. 对问题，实事求是

每个公司都会有问题，没有问题的公司是不存在的；每个人在工作中也都会遇到问题，没有问题的工作也是不存在的。关键不在于有没有问题，而在于如何面对。

面对问题，必须坚持实事求是的态度。

什么叫实事求是？就是有多大事说多大，是什么性质说什么性质，客观事实和主观判断之间要尽量保持一致，不夸大、不缩小、不隐瞒。

怎样才能做到面对问题实事求是呢？关键是要对问题有客观的认识。人们往往容易将自己的优点和贡献无限夸大，而将所有的失误都归结于别人或外部环境。客观地看，同事也好，上司也罢，大家都是人，只要是人就会有优缺点。既然大家都有缺点，为什么要求别人完美无缺、零失误呢？有些人看人，先看缺点，看公司也是如此，这是一种缺少包容的思维惯性。

和人一样，每家公司也都有自己的问题，都有一本"难念的经"。我们进入一家公司，首先要放平心态，要明白自己是去工作和解决问题的，不是旅游度假，不要只想着享受企业给自己带来的好处，否则必定落得失望。工作首先需要付出，没有付出，就没有收获。工作是由很多困难和烦恼组成的——我们进入一家公司，就要有这样的思想准备，只有克服困难，才能够收获成就感，进而获得工作的快乐。

（二）坦诚

坦诚就是真诚、坦率。只有内心真诚，才能言行坦率。我们用真诚的态度，去与他人坦率交流，对方是能够感受到诚意并乐意接受的。

第二章 解读澳林核心价值观

生活中，有的人说起话来滔滔不绝、慷慨激昂，可就是让听众提不起精神；有的人虽然讲话不多，却掷地有声，让听众印象深刻。为什么会这样呢？因为后者坦诚，这类人有了解人们的内心，能设身处地地站到对方的立场上观察、思考问题的能力。因此，他们知道如何感染和打动人，赢得人们的高度认同。

美国前总统尼克松在竞选副总统时曾遭遇过一次严重的政治危机。当他为竞选奔忙时，媒体抛出了抨击他在竞选中收受不正当政治献金的文章。舆论界一片哗然，尼克松承受的压力越来越大。为了赢得选民的信任，他选择做一场电视演说，直接向民众澄清。

尼克松在电视上发表了半小时讲话。在镜头面前，他采取了一个令人吃惊的举动——把自己的财务状况全部公开，他详细地说明了自己的收支情况，并且坦率承认自己的确收到了支持者的礼物——一只叫作"跳棋"的小狗。他还强硬表态，无论反对者们说什么，都一定会留下"跳棋"。这场电视公开演讲为尼克松获得了一边倒的支持，也成为最知名的政治家演讲案例之一。正是因为坦诚的姿态，尼克松获得了民众的支持，也赢得了竞选。

那么，在工作和生活中，如何理解、践行坦诚呢？

1. 对人坦诚

能做到对人坦诚，首先，要在交流中聚焦于我们认为重要的问题，不隐瞒、不谄媚。

宋代诗人曾巩与王安石都富有才华，两人在当时都很有名。曾巩读过王安石的文章，并不曾与他见过面，很想与之结识。王安石中进士之后，被任命为签书淮南判官，去扬州赴任。其间，他至南丰与曾巩相见。初次见面，曾巩夸赞王安石文章写得好，但也坦诚地指出了一些他认为有所不足的地方。王安石听后，坦率地回答说："我这人一向对自己有清晰的判断，我既然这样写，肯定有我自己的理由。"曾巩听到这话，极为高兴，说王安石为人直率，定能做个好官。之后，两人经常往来，成为至交。

在与王安石结交时，曾巩尚未进士及第，却能畅所欲言，指出对方文章的不足，赢得了王安石的信任。王安石也与之坦率交流，说出了自己的看法，最终两人结为挚友。其实，人与人在沟通时最好的态度就是坦诚——说话直截了当、开诚布公、直奔主题。相较于面对问题遮遮掩掩、含糊其词，坦诚更能有效长久地赢得互信。

其次，要张开嘴巴，主动和别人沟通。

现代社会，人与人之间的协作越来越重要，单打独斗难有作为。协作的前提是沟通，我们必须学会主动与周围的人交流。沟通有助于我们摆脱原有的思维定式，进入更广阔的天地，新思想、新方法往往就是这样在沟通和碰撞中产生的。西方有句谚语，"Two heads are better than one"（两人智慧胜一人），意思就是迭代创新是彼此沟通的产物。

美国现代成人教育之父戴尔·卡耐基曾经讲过这样一个故事：日本一位学者曾提出过两个有趣的算式，即 5+5=10 和 5×5=25。这两个算式的意思是，假设有这样两个人，他们的能力都是 5，如果他们互不交往，或虽然交往却没有坦诚交流，那么他们的能力都不会有任何的提高，至多也就是 5+5=10；如果他们坦诚地交流信息、互相协作，并产生思想碰撞，两个人的想法重新组合，就会发挥出高于原来很多倍的效率，就犹如 5×5=25。

最后，要用平实的语言说话。

华丽的辞藻往往失真，平实的话却最真实、最感人。质朴、真实、不做作的话语能够迅速和听众发生最大的共鸣。平实的语言，首先是"恰当"的，所谓"恰当"，主要是指不偏离事实真相，并发自本心。然后，要用尽量口语化、简洁、易懂的方式表达出来。

2. 对上对下坦诚

（1）心口如一，实话实说。

常言道："心口如一终究好，口是心非难为人。"说实话，是表达的前提，也是在人际交往中取得他人好感的第一步。说真话、讲实话，是降低交流成本的必然要求。一个人说真话、讲实话，也容易带动身边的人变得坦诚。反之，大家都藏着掖着，就不可能达成有效的交流，由此做出的决策必然会失误。

一位记者曾经问创立生物进化论的达尔文："您主要的缺点是什么？"达尔文回答："不懂数学和新的语言，缺乏观察力，不善于合乎逻辑的思维。"记者又问："您的治学态度是什么？"达尔文又答："很用功，但没有掌握学习方法。"达尔文这种坦率的态度充分赢得了时人的尊敬。可见，理性分析自己的缺点，一是一二是二，把短板毫不掩饰地袒露在别人面前，而不是伪装成一个完人，这样坦诚的姿态更容易得到别人的信任和尊重。

无论是在工作还是生活中，人们因为阅历、学识、性格等各不相同，对同一件事物的看法也各异——这是再正常不过的事。但任何组织要做出决策，都要寻找共识，也就是要求同。如何求同？答案是通过充分的交流和沟通。所以，我们有了想法，就要直抒己见。说出中肯的意见，尽量避免不必要的误解，最终对谁都有利。

如果在与上司沟通的过程中，下属始终戴着面具，不说实话，那么上司不但感受不到诚意，也无法理解下属的真实意图，更糟糕的是，还会不再信任下属。对下属来说，口是心非的沟通不仅累心，还无法得到有效的支持，最后很可能一事无成。既然如此，彼此为什么不选择心口如一，实话实说呢？

（2）放下压力，相信自己。

在工作中，面对上司时，通常都会感到紧张，内心多多少少存在着些压力。为何如此？背后的原因之一就是不自信。其实，要想让事情进展顺利，相信自己比什么都重要。

美国思想家、诗人爱默生说过："自信是成功的第一秘诀。"自信就是信得过自己，"看得起"自己。自信心就像能力的催化剂一样，可以最大限度调动人的潜能。我们也许距离优秀人才的标准还差得远，但仍应秉承"我是最好的"这一信念与人交流，无须羞愧、尴尬或压抑。只有真正做到自信，才能在与上司交流时做到坦诚。

坦诚就是彼此敞开心怀不设防，这是相互的，在处理上下级关系时更应如此。下属要对上司坦诚，上司也应该对下属坦诚。作为上司，最不坦诚的表现一是不懂装懂，二是话不说透，指令不明确，让下属去猜测，三是明知自己错了，却不承认自己的错误。这三种行为都会降低管理者的威信。如果上司能真正做到坦诚，也就做到了平易近人，下属自然也能对上司坦诚相待。只要求下属坦诚，自己却成天一副高深莫测、高不可攀的样子，是不可能让下属真正对你敞开心扉的。

（3）坦诚相待，尊重为先。

我们强调要坦诚地说话，这是否意味着可以不经思考随便说呢？并不是。坦诚的前提是尊重交流对象，如果没有这个前提，就是"坦"而不"诚"。

所以，无论跟什么人交流，说话之前，我们都需要考虑：说这话是不是以尊重人为前提？即便出发点是尊重人，为了别人好，也不要忘记，说话是一门学问，表达也需要技巧。我们要坦诚说话，但要分对象、分场合、分语气。可以说，注重表达技巧也是为了确保尊重人这一前提。

换个方式说实话并不是在推崇虚伪和狡猾，而是强调说话必须掌握一定的技巧，这样才能达到皆大欢喜的效果。

说服他人时，有时我们自觉苦口婆心，对方却无动于衷，这时就要改变策略，从对方的角度和利益出发去考虑问题，这样更容易说服对方。说话的技巧非常多，这里不可能一一列举，不过可以提醒大家注意两点。

第一，要注意对方的心理承受能力。

人的性格不同，有些人能够接受直率的意见，有些人却认为直率是冒犯。一般情况下，批评是最让人难以承受的，因此在批评人时，我们要注意避免过于直接。要想把实话说进对方心里，让对方心悦诚服，欣然接受，就要学会委婉。

交流的效果，既取决于说话者的坦诚态度，也包括是否为对方考虑。很多时候我们做到了坦诚，却忘记站在对方的立场上设身处地地考虑问题。这就是为什么同样的观点，有些人的表达很让人喜欢，有些人却一张嘴就得罪人。

举例来说，办公室里某人穿了一身搭配起来"惨不忍睹"的衣服。大家一般都不会说什么，唯独张三好心地当着众人的面对某人说了自己的意见。张三说得很直白，把某人说得脸上一阵红一阵白，而张三却没有感觉到对方的尴尬。从那以后，某人就一直和张三有些不对付。张三是一个坏心眼的人吗？绝对不是。他实话实说的目的也不过是想给同事提个醒，怕同事总这样搭配被人笑话。他的出发点是好的，但表达方式有问题，结果就是好心办坏事。

所以，我们都应该巧妙地运用技巧，让自己的想法在坦诚表达的前提下，使对方更容易接受。坦率不应该成为我们抛弃委婉交流技巧的理由。诚实，是对自己的言行负责，而委婉的表达，是一种对自己的言行负责任的态度。

第二，注意禁忌话题。

不少人都有自己的禁忌，可生活中许多人偏偏就不知道回避，这就难免给自己带来麻烦。涉及这类话题时一定要注意，要通晓一些社会常识性的禁忌。比如，婚丧嫁娶等场合有的禁忌语不能说，少数民族忌讳谈某些信仰话题，女士一般比较忌讳别人询问自己的年龄、评论自己的长相，等等。如果不注意禁忌，就会引起对方的极大反感，甚至可能引发冲突。

（三）诚信

诚信，是指讲信用、讲信誉，信守承诺，乐于履行义务、承担责任，答应了别人的事一定要做到。诚信是诚实的必然要求。人们常说"言必信，行必果""一言九鼎""一诺千金"，强调的都是诚信的重要性。

从社会角度而言，诚信是每一个现代社会公民应有的品质；从经济角度而言，诚信是市场经济的基石；从澳林的角度而言，诚信就是对客户、岗位和合作伙伴严格履行约定的义务，严格遵循职业操守。

澳林人要时刻以诚待人，以信取人，这是我们的立身、立业之本。

不诚实守信，绝对无法赢得别人的信任。让其他人体会到澳林人诚信为本的原则，关键是要做到以下两点。

1. 对顾客，说到做到

对顾客的诚信为本，要求澳林在任何时候都能说到做到。一个诚实守信的人，能获得金钱难以衡量的人格价值；一个诚实守信的企业，能赢得更大的发展。

2018年11月17日凌晨，东方航空手机端App突然出现技术问题，多条国内航线头等舱、商务舱往返机票最低只需90元即可买到。有网友趁此机会买了60多张机票。第二天，东方航空官方微博发布公告，表示11月17日凌晨东航在系统维护时售出的所有机票全部有效，旅客可正常使用。

一个技术故障,导致了东方航空一时的损失,但同时它通过守信的行为,赢得了市场的认可,尤其是赢得了那些凌晨仍然关注它的粉丝的高度认可。

市场经济遵循的是效益法则,它使金钱的地位变得异常突出,但市场经济又是建立在契约精神之上的,而契约精神的核心就是诚信。没有信用,就没有秩序;没有信用,市场经济就无法正常运行。在市场经济条件下,诚信并不是空洞的概念,它是资本,是财富,也是企业的竞争力。举例来说,同仁堂正是以"炮制虽繁必不敢省人工,品味虽贵必不敢减物力"的诚信店训,才收获了百年品牌的美誉:因为懂得,所以守信;因为守信,所以获得。

澳林零售的售后服务承诺100%无条件退换货,就是我们诚信于客的集中体现。2019年1月,刚刚开业的永城店,通过日常自纠自查发现了问题商品,作为自营商品,尽管要损失数万元,但我们仍然做出了整体销毁处理的决定。因为澳林的承诺是100%无条件退换货,有个别消费者曾经连续几年在澳林买了东西用旧了,再拿来换新品,我们对这种消费者也并无怨言,因为既然承诺无条件退换,就必须兑现。

这就是澳林的诚信为本,我们实实在在,说到做到,让这一企业信条真实地体现在了经营的方方面面。

2. 对岗位，坚持职业操守

对岗位的诚信指坚持职业操守，认认真真、兢兢业业地工作，以平凡铸就不凡。

工作的目的是什么？

绝大多数人可能会回答："这还用说吗？当然是为了挣钱养家。"这个回答只对了一半，因为我们不应只是为了生存而工作，还应有更高层次的需求，比如，希望能获得快乐和幸福，工作就是能使我们获得满足感和幸福感的重要渠道。一心把精力投入工作中去的人，往往会摆脱对"养家糊口"的焦虑，从工作中获得更多的乐趣。道理很简单，正如澳林的"三当一就"所言，如果一个人能真正做到难以被替代，发展就不是问题了。

我们坚守诚信，因为诚信是个人、公司发展的重要基石。千里之堤可能毁于蚁穴，只有每一个澳林人都能做到以诚信为本，澳林的诚信之堤才能坚实、永久。

关于诚信，还有两点必须强调一下。

首先，因为诚信要求说到做到，所以我们承诺时千万要谨慎。承诺过高过多，最后无法兑现，效果会适得其反，会极大地损害品牌美誉度及顾客对我们的信赖感。这一点，营销人员尤其需要注意。

其次，我们坚持以诚信为本，对合作伙伴也有同样的要求。对于合作伙伴的不诚信行为，我们首先会按照"讲规则"的要求对其进行警告，如果对方屡教不改，就必须终止与之合作，并将其列入公司合作黑名单。

在此，需要再三强调的是，每一个澳林人都必须遵守的最基本的职业操守，就是廉洁。廉洁是澳林的红线和底线，任何人都不能逾越。对此，公司有明确的廉洁管理制度，每个员工都必须认真学习、贯彻。

（四）勇于担当，进而内心坦荡

企业中的每个岗位都承担着不同的责任，我们在工作中也会遇到各种问题和困难。诚实的人总是勇于负责、勇于担当、不抱怨，积极面对和处理各种困难。因为诚实的人有这种自觉：自己是问题的第一责任人，也应该是问题的终结者，不会找任何借口回避、拖延解决问题，而是竭尽全力去担当，唯有如此，才能没有负疚感，进而内心坦荡。

坦诚，指向的是人和事；坦荡，是做人的一种正面、健康的心态。唯有勇于担当，尽到自己最大的努力，才能问心无愧，才能坦荡。

1. 责任至上

现实中有三种人：积极的人总想自己解决问题，他们会学习，会向上司和同事求助，向有能力的人请教，一起商讨解决问题的方法，即使力有不逮，也总在试图改进和成长；中间分子虽然会有畏难情绪，但在一般情况下不会轻易放弃自己的职责；消极的人则既不去想任何解决问题的方法，也不把手里的工作做完，而是不断地向人诉说自己的无力感和看到的种种弊端，把太多的心思放在了研究公司缺点和传播负面消息上。

第三种人会如此消极，本质上是因为缺乏主人翁态度，总处于一种"事不关己，高高挂起"的冷眼旁观状态。这种人其实最"笨"，没有意识到员工与公司是利益共同体，是同舟共济、荣辱与共的关系，公司的事就是自己的事，公司存在的问题，自己有责任尽量去弥补或改进。

很显然，公司会高度肯定第一种人，适当包容第二种人，零容忍第三种人。因为，负能量和瘟疫一样，所到之处都会引起恐慌和不满，会让人觉得公司一无是处，严重挫伤团队积极性，败坏公司风气。

负责任，就是把自己的分内事做好。在公司里，每个人都有各自的责任，只有那些能够很好地承担自己责任的人，才会获得发展，最终成为让人敬佩的标兵。有担当是一个组织最需要的员工品质，当员工有了强烈的责任感之后，带给企业的不仅仅是优异的工作绩效，还有追求卓越的企业文化。

"多一事不如少一事""做多错多"，这也是一类人的人生态度。的确，人们总是希望生活得安稳，没有任何风险，但在职场中，通常一个人的能力越强，获得的职位和报酬越高，相应要承担的责任也越大。公司遇到问题时往往也是我们的机会。有问题固然不好，但如果一个人能不抱怨而运用自己的能力把问题解决掉，那他在职场上的发展还是问题吗？

对每一个澳林人来说，有多大责任心，决定了在公司中将获得怎样的评价和提升。因此，在个人的职业生涯中，应该像迎接机遇一样，勇于面对问题并承担责任，坚信自己能出色地完成任务。当一个人拥有了这样的责任感以后，就会表现出良好的工作状态，赢得他人的肯定。

因此，公司倡导，在力所能及的情况下，澳林人要做到"少一事不如多一事"。从提升个人能力的角度看，这样做也是明智的——人的能力是在不断磨砺中提升的，不承担责任就永远超越不了自我。

2. 强调独立

在澳林这个大家庭里，每一个员工通过工作日积月累，不但知识和能力会增长，心智也会不断成熟，会变得更加自信、自强、自立，最终能够独当一面——这就是澳林价值观中所讲的勇于独立担当。

如果厨师问顾客今晚想吃什么，顾客没有做出回答，那么厨师还要不要做晚饭？做什么？怎么做？一个高水平厨师会根据自己的经验和手头的食材迅速做出判断，做出可口的饭菜；而一个低水平厨师很可能就无所适从了，他们的托词往往是"我不知道他想吃什么"。澳林人应该像高水平的厨师一样，能独立思考，更能独立担当。独立担当既是一种态度，也是一种能力。

随着业务的扩张，澳林的规模会越来越大，不同业务板块的员工都在一个分工高度专业化的平台上合作，每个人都在积极发挥职业专长。高层管理者的职责是统筹规划、整体协调和监督控制，中层管理者需要解决具体问题，普通员工则需要相互协作。这样的工作场景，要求员工在各自的领域里拥有判断和解决问题的能力，因为"领导并非问题的解决者，而是问题的给予者"，员工本人才是问题的解决者。

当遇到突发状况时，在现场的职位最高的员工要有担当，要及时、主动地站出来成为临时"最高指挥官"，在一线发挥应有的作用，带领团队成员积极解决问题。

有些管理人员在工作中会变成"保姆"，习惯性地帮助下属解决问题，事无巨细地告诉员工应该怎么做。这会让团队成员养成惰于思考的习惯，而自己也疲于奔命，被困在现场管理的细节中，没有时间去思考战略问题。员工也会因为管理者的"包办"而丧失培养独立解决问题能力的机会，迟迟无法得到提升。这是一种双输的结果。

举例来说，导购员独立担当就意味着"首问负责制"，或者说"到我为止的服务"。"首问负责制"要求任何一名员工，只要遇到顾客提出服务需求，不管这个需求与自己的岗位、职责、业务范围有无关系，都应该主动地把自己当成实现顾客需求的第一责任人，自觉地想办法力争在第一时间内满足顾客需求，而不是以任何理由或借口予以推脱。

3. 勇于认错

有担当其实就意味着要勇于认错，不为自己的错误找借口，更不会"临阵脱逃"，而是积极面对困难。

再聪明的管理者，也有考虑问题不周的时候，会不可避免地出现估计、判断甚至决策上的错误。很多人犯错时，第一时间会有隐瞒错误的想法，因为他们担心承认错误之后会很没面子，要承担责任，甚至丢掉饭碗。

但在澳林，我们强调不要害怕认错。错误承认得越及时，就越容易得到补救和改正。而且，自己主动认错，比别人提出批评后再认错更能获得大家的谅解。一次错误并不会毁掉人的职业生涯，真正会影响职业生涯的，是那种不愿承担责任、不愿改正错误的态度。

澳林始终强调一点，只要员工做事是出于公心，就应该放心大胆地去干，即便出现失误，公司也会为之买单。

勇于认错的管理者，不但能让上下级关系更为融洽和稳固，营造出平和互助的氛围，而且能提高自身的威望，增进与下属和同事之间的信任。不敢在犯错误之后直面自己的问题,这种管理者是很难使他人信服的。人们愿意跟随的是敢做敢当、不推卸责任的领导。真正有担当的管理者,不仅会让下属有安全感,也会促使大家对工作进行反思,及时纠正路线,改变工作方法,使未来的工作进行得更加顺利。

4. 独立担当

怎么成为一名有独立担当的澳林人呢?

第一,要有一颗敢于担当的心。在面对任何困难时,保持平常心,用超乎普通人的毅力和专业的眼光来对待工作成败。

一个人担当精神的强弱,决定了他对工作是否尽心尽责。我们在工作中可以得到更多的锻炼与成长的机会,也能在全身心投入工作时感到快乐,获得回报。

第二,独立担当不是独自担当。公司不推崇孤胆英雄,更提倡团队精神。每个人都要与同事紧密协作、互相学习,也要能充分调动公司内外一切资源来完成工作。在利他部分我们已经讲过,为了完成工作,怀着感恩的心态向他人求助是必要的,这也是一种沟通和交流的方式。

第三,独立解决问题的水平体现在工作成果上。

第四,有担当不是与生俱来的,需要我们不断修炼自己的内心,修正自己的行为。

第二章 解读澳林核心价值观

学习是外在的，修炼是内在的。我们要通过修炼，真正改变自己的思维方式与行为准则，提升自我价值，与公司中的每个人携手共进，达成共同目标，实现共同使命。

5. 内心坦荡

内心坦荡是一种状态，是不虚荣、不急功近利、淡泊明志、厚积薄发，努力取得成就，进而获得人生真正的幸福和快乐。

澳林所提倡的"三当一就"，和勇于担当密切相关。如果在工作中员工凭借勇于担当，做到了难以被替代，则其内心必然是坦荡的：无须阿谀奉承，也无须在乎所谓的人际关系和"办公室政治"。

澳林核心价值观不仅框定了澳林人在公司做人做事的态度，而且倡导员工在私人生活中也应修炼出这样的人生观。

我们可以从两个维度来理解这种内心坦荡的状态。

首先，做人做事不欺心，这样才能保持内心安宁和生命之泉的清澈。做人做事不欺心的人，更容易抱有平和的心态，更容易品出生活的好滋味。

我们常常在新闻中听到常年潜逃在外的犯罪分子在被抓捕后，说自己在逃期间都没有睡过一个好觉，精神高度紧张，甚至有人潜逃十余年，晚上睡觉从来没有脱过衣服。"不做亏心事，不怕鬼敲门"，人是有良知的，做了亏心事的人，无论外表掩饰得怎样完美，内心都是恐惧和痛苦的。而勇于担当的人内心坦荡，因为没有任何思想包袱，做人做事一定会抬头挺胸，无所畏惧。

其次，不虚荣，淡泊明志。工作中的不虚荣，就是无论他人如何评价，自己都凭着良心诚实做人，对天对地问心无愧。

虚荣是用不恰当的方式保护自尊心，其实是对自己最大的不诚实。在虚荣心的驱使下，人们往往会罔顾事实，采取夸张、欺骗、盲目攀比等手段，以满足所谓自尊。有些人甚至会采用一些极端的手段，利用工作机会或岗位权力，触犯法律获取利益，对人对己产生巨大危害。

克服虚荣的最有效的方法就是陶冶情操，让心变得淡泊。所谓淡泊，就是低调、淡定，"尽人事，听天命，随遇而安，知足常乐"。"非淡泊无以明志，非宁静无以致远"，这是智者诸葛亮留给后人的一句富含哲理的诫言，其大意是说，不追名逐利，生活简单朴素，才能坚持自己的志趣；不追求热闹，心境安宁清静，才能达到远大目标。

但心境淡泊并不是颓废的无奈，也不是心满意足的自赏，更不是碌碌无为的哀叹。淡泊是积极进取后，豁达乐观地面对一切结果的心态——它的前提是要充分地"尽人事"。

◆ 总结

我们之所以用了很长的篇幅来阐述诚实这一核心价值观，有一个重要原因是，如今社会上、企业里充斥了太多不诚实的言行。在澳林推行诚实核心价值观的过程中，起初全体员工也并未达成统一的理念共识，缺乏深刻的认识，这使得诚实这一核心价值观没有得到迅速、有效的贯彻与落实。为此，集团对诚实的内涵及具体贯彻措施重新进行了梳理与定义，以求达成统一深刻的认知和彻底的执行。诚实是澳林人的做人之本、立业之基，在此，需要特别指出，我们在澳林内部旗帜鲜明地反对以下不诚实行为。

1. 耍小聪明

在职场上待得久了，尤其是在工作上得心应手、驾轻就熟之后，有些人就开始投机取巧、耍小聪明。偶尔糊弄一下，别人不会发现，渐渐就心存侥幸，凡事都不好好做，流于形式。殊不知耍小聪明其实很容易被人识破。

2. 官僚主义

绝大多数公司可能会随着规模的扩大，滋生出严重的官僚主义。所谓官僚主义，就是管理者总把自己当成官，强调自己的权力不可挑战，即便自己的意见错了，下属也必须听自己的。官僚主义行为的表现有互相推诿、办事拖拉、面子至上，热衷于下达文件而不解决实际问题等。一旦染上官僚主义作风，企业内部的责任心、使命感以及严谨细致的工作作风就会迅速衰退，甚至荡然无存。

3. 小团体主义

澳林禁止在企业内部拉帮结伙，搞小团体主义，或以帮派思想、宗派观念、地域观念、裙带关系等形式，把个人或小团体的私利凌驾于澳林的整体利益之上。

凡是搞小团体主义的地方，必盛行内斗。内斗是标准的"人祸"，会危害组织的健康生存和发展。个人之间出现名利、地位之争，就会结成团伙，相互拆台，钩心斗角，导致个人的时间精力被额外消耗，公司的凝聚力和战斗力也迅速走向衰退。小团体主义会让人心涣散，工作受损，既误事又害人，有百害而无一利。

4. 形式主义

形式主义是做事处处只讲表面化的形式，却不在意实际的成效。形式主义就是"假、大、空"：所谓"假"，就是行动上不真实，弄虚作假，报喜不报忧；所谓"大"，就是浮夸，盲目夸大；所谓"空"，就是实际工作中摆空架子。这些行为，都是我们在工作中要极力避免和反对的。

5. 欺上瞒下，言行不一

讲真话、办实事是公司对每一个澳林人的起码要求。只有这样，我们的事业才会健康发展，兴旺发达。每个澳林人都要言行一致，严禁欺上瞒下。

6. 利用权力打击报复

澳林对各级管理者有严格的要求，禁止他们利用权力打击报复，也就是我们常说的给下属"穿小鞋"。此外，经营人员暗中刁难、排挤供应商及其他合作伙伴，这种典型的公权私用行为，也是澳林坚决反对的。

7. 耍权谋

所谓权谋，无非是一些摆不上台面的伎俩，比如，造谣生事、挑拨离间、阿谀奉承、阳奉阴违、趋炎附势、落井下石……做出这些行为的人往往是为满足一己之私欲，有时这种私欲不一定与金钱相关，而是一种自我精神的满足，感觉这样做就有了威风、有了地位。这种行为也是澳林明令禁止的。

8. 诋毁、诽谤他人形象

有些人喜欢当"长舌妇""长舌男"，背后说同事的闲话，这种做法只会导致同事关系紧张，公司风气败坏。

9. 传播不利于公司的消息

如果你关心公司，就应多为公司出谋划策。公司发展状况良好，每一位员工都能从中受益。热衷传播不利于公司的消息，其实是在阻碍公司的发展，最终的结果还是员工自身的利益受损。

10. 明知商品有质量问题，仍销售给消费者

如果失去了消费者的信任，则没有任何生意能做得长久。澳林人应该把精力聚焦在如何开发新客源、如何推出新产品和服务上，而不是仅仅聚焦于某一段时间的企业账面盈亏。无论是出于什么样的目的，我们都绝不能在明知商品有质量问题的情况下，将其销售给消费者。对企业来说，这是自杀性的行为。

11. 扭曲事实，弄虚作假

扭曲事实、弄虚作假主要表现在：向上司汇报工作或与同事交流时，谎报成绩，隐瞒问题；在接受有关部门调查、取证或质询时，隐瞒事实或出具伪证；隐瞒按规定应该回避的亲属关系等。

12. 挥霍浪费

每个澳林人都应该以勤俭节约为荣、以铺张浪费为耻，克服"家大业大，浪费点儿没关系"的错误思想，克服大手大脚、挥霍浪费、奢侈享乐的行为。我们要将节约内化成一种自觉行动，杜绝浪费。

以上，我们将一些典型的不诚实的行为进行了列举，但未必全面。澳林推行的诚实核心价值观具有极强的现实针对性，属于"对症下药"。随着在日常工作中对诚实的践行，还会有更多的内容被补充进来。

◆ 践行案例

1. 物业的广场夜谈（澳林汇管家物业）

为了鼓励员工和管理层积极沟通，发现日常管理上存在的不足，澳林汇物业人定期举办广场夜谈活动，通过互相提意见和建议以及开展深度的自我剖析，使得员工与管理层能够坦诚相待。一开始，管理层担心活动开展会流于形式，不知能否达到预期的效果。物业负责人说，每个人难免有缺点，管理也难免有纰漏，如果在夜谈交流中大家放下矜持，敞开心扉，就能收获好的意见和建议。

活动初期，员工大都有些顾虑，不愿意第一个站出来表达自己的想法，经过物业负责人的一番鼓励，大家逐渐放下思想包袱。本着有事当面说、有缺点指出来，大家共同成长进步的态度，员工在管理方式、规章制度、待人处事等方面都给管理层提出了一系列建议和意见，找出了很多在日常管理中被忽略的小问题。管理层也主动剖析了自身存在的优缺点，并对员工的建议当场给出了回复和整改期限，活动效果非常好。

在一个团队中，员工和管理层就是彼此的镜子——以人为镜，可以明得失。管理者与员工能够坦诚真实地交流，并不断提高对自身能力的要求，这个团队必然能够得到和谐、稳步的发展。

2. 商场里的信誉危机处理（永城澳林购物广场）

2020年5月30日下午，永城澳林购物广场出现多名顾客因购买的鸡蛋变质要求退货的情况，督查办在接到问题反馈后，立即调查原因，快速拿出了处理意见，立刻下架了变质商品，并对相关责任人进行了责任警告和经济处罚。同时，由客服部整理出当天购买到该批次问题鸡蛋的顾客联系方式，第一时间安排专人对顾客进行电话回访，在致歉的同时告知顾客，可以双倍退款。另外，澳林购物广场还通过当地媒体发布公告，召回该批次所售问题鸡蛋。截至6月2日，公司仅用两天时间，就将所有的问题鸡蛋全部处理完毕。

2021年10月16日，在澳林购物官方抖音账号上，一条关于"海洋展活动"视频下的评论区里出现了很多负面评论。事件发生后，公司领导非常重视，迅速组织督查小组了解情况，发现该活动确实存在问题。公司随即做出处理意见并发布公告："2021年10月16日至17日澳林四层海洋展活动，吸引众多顾客参与，但诸多顾客反馈，票不值价，体验欠佳。该商户虽为短期合作商户，但澳林确有审核不严之责，在此诚恳致歉，并感谢顾客朋友的监督。同时对购票顾客做出补偿方案：凡在澳林四层海洋展购票的顾客，可免费领取价值40元（海洋展票价25元）的儿童乐园淘气堡门票一张或游戏币一份。即日起至10月26

日均可至澳林一楼服务台办理。"公告发布后，很快就得到了广大顾客的回应及留言，每一位来到服务台领取补偿票的顾客都对澳林的诚信经营赞誉有加。

3. 多面答谢锦旗的背后（乐陵澳林中央世纪城物业）

2019年12月24日，澳林物业环境部的环卫员工打扫卫生时，在中央世纪城小区中心水系处捡到一条黄金手链，用他自己的话说："一看就是真的，锃亮锃亮的。"当时是早上8点多，来往的人少，他在附近一边工作一边等，近半个小时过去了，失主依然没有出现。他估计等来失主的可能性不大，便赶回办公室向部门主管讲清事情原委，与办公室人员交接后才回去继续工作。后来公司通过发布通告，最终找到了失主。经鉴定，手链价值6200元左右，相当于这位员工近三个月的工资收入，但是，在无人知晓的情况下，这位环卫员工依然自觉上交了失物。时刻以更高的道德标准约束自己，踏实做事、诚实做人，这就是澳林人践行企业核心价值观的成果。

类似这种诚实守信的事例，在澳林每年都有很多。小到在小区里捡到钥匙串、钱包、手机、首饰饰品、各类证件等，大到在购物广场发现顾客遗失的名牌包、服装、商品、重要文件等。有些东西的价值比基层员工的收入要高出很多，但这些年来，澳林从来没有发生过员工私吞失物的情况。因此，企业每年都会收到很多答谢锦旗，这是消费者和业主对我们诚信态度的肯定，使全体澳林人深感欣慰、备受鼓舞。

三、核心价值观：用心

用心，是一种对待工作和生活的态度。所谓用心，就是全身心投入，由此获得内心的幸福。用心和我们通常讲的"匠心"和"工匠精神"相通。所谓"技精于道"，说的也是这个意思：如果能通过自我修炼让技艺精湛到极致，在这个过程中人会触摸到和生命、天地规律相关的大道。

"德国制造""日本制造"为什么在全世界赢得广泛赞誉？其中的关键原因在于德国人、日本人在制造时全心投入，技艺精湛。众所周知，日本企业对细节的执着近乎偏执。以无印良品为例，无印良品的工作手册《业务标准书》和《MUJI GRAM》，把开店前准备、收银台业务、店内接待业务、配送业务、商品管理、店铺管理等全流程细节都进行了规范化。工作手册精细到对每一件商品的摆设陈列、员工的装束打扮、店铺的清洁方法等，都做了明文规定和图片说明。这种做法让客人走进全球任意一家无印良品店铺，都能体验到同样的氛围和服务。同时，基于每天在现场发现的问题和由此产生的改善方法，无印良品的工作手册会每月更新一次，持续完善。

生产者、服务者是否在一个产品和一项服务中灌注了全部的心血，消费者是很容易感知到的——商品和服务本身就是买卖双方沟通的桥梁。所以我们必须坚持在日常工作中"结硬寨、打呆仗"，坚持下"笨功夫"，不用把战略、策略、技巧天天挂在嘴边，而是要静水流深，扎扎实实地做好每一件事，修炼内功。

澳林一直在用心做事：做房地产开发，为了让业主获得良好的居住环境，从设计、用材、施工到验收，我们在持续改进；做零售百货，我们精挑细选高性价比的商品，尽最大努力消除消费者关于售后服务的担忧，力求提升消费者的购物体验。

做事有三层境界：用力可以把事做完；用脑可以把事做成；用心才能把事做好。澳林人必须达到用心做事的境界。

因此，在具体的工作中，我们用两个维度来定义用心：主人心态、精益求精。

（一）主人心态

用心，首先就是要把自己当作公司的主人，把工作当作自己的事情来做。

为什么"大锅饭"搞不好，联产承包责任制能搞好？关键就在于人们有没有真正的主人心态，个人积极性能否被激发出来。太多企业的员工因为没有主人心态，导致该决策的时候不果断,该拼搏的时候不尽力,该承担责任的时候一再退缩。对于任何一个组织而言,如果成员没有主人心态,就会让组织的战斗力和凝聚力迅速衰退,变得日薄西山、气息奄奄。而经营企业,就更需要有人敢于直面风险、承担责任,为企业做出前瞻性的决策——在企业管理中,不强调员工的主人心态是绝对不行的。

著名经济学家米尔顿·弗里德曼有一个"花钱矩阵理论":花自己的钱,办自己的事,既讲节约,又讲效果;花自己的钱,办人家的事,只讲节约,不讲效果;花人家的钱,办自己的事,只讲效果,不讲节约;花人家的钱,办人家的事,既不讲效果,又不讲节约。弗里德曼对人性弱点的理解可谓入木三分。的确,我们只有在做自己的事的时候,才会尽全力承担责任。

澳林要用文化和制度来对症"治疗"人性的弱点,例如,通过责、权、利相一致等机制,让员工把公司的事当成自己的事来用心办。而澳林零售现在正在引入并实施的阿米巴经营模式,也是力求赋予每个人主人心态。

除去制度上的设计,如何能让员工拥有主人心态呢?关键是要在思想上认识到,拥有主人心态,公司和自己才能获得更好的发展。

举例来说,澳林地产营销中心的内勤人员就拥有主人心态。有一次,澳林的楼盘开盘,有一家五口来到营销中心看房，父母跟随销售顾问去看房，剩下两个孩子由奶奶照顾。营销中心茶水间的工作人员准备了茶水给老人和孩子。因为等待的时间过长，两个孩子有些不耐烦了。工作人员又准备了些糕点、煮了鸡蛋给两个孩子吃。过了一会儿，孩子们玩累睡着了，工作人员担心他们着凉，把对着吹的空调关了，并安排孩子们和奶奶到一个更加舒适的地方等候。孩子们的奶奶感动地向工作人员道谢："你们的服务太周到了。"尽管这些都是员工们在日常工作中遇到的小事，但如果没有主人心态，就很难提供这么细致入微的服务，让客户产生宾至如归的感觉。

（二）精益求精

古语说："取法乎上，得乎其中；取法乎中，得乎其下。"以上等作为准则来效法，一般只能得到中等的效果；以中等作为准则来效法，只能得到下等的效果。这指的是做事情要高标准严要求。从这个意义上来讲，"一分耕耘，一分收获"的说法很多时候是无法成立的，现实往往是"一分耕耘，零分收获；五分耕耘，四分收获；九分耕耘，八分收获"。因此，只有制定出高于他人的目标，尽自己的最大努力去完成，才可能收获令人满意的成果。

精益求精，是一种做事的态度和方法，是不断进取和竭尽全力的表现，也是把5%的希望变成100%的现实的精神。京瓷创始人稻盛和夫曾经说过,做到"完美"很难,但只有认真追求"完美主义"的态度和努力,才能减少错误的发生。我们要把每项工作做到极致,把每一个当下做到极致,成为难以替代的人。极致,是让人难以复制和超越的竞争力。

那么,如何才能做到精益求精呢?

1. 从专注到专业,再到专家

精益求精,其实是追求从专注到专业,再到专家的过程。

"如果我选择养猪,我就是养猪专家,做豆腐就是豆腐大王。"华为创始人任正非接受BBC(英国广播公司)专访,当被问及是什么造就了华为的成功时,给出了上述答案。

俗话说,"不怕千招会,就怕一门精"。如果我们学艺不精,事情做得不够细,仅仅满足于比上不足、比下有余的话,在外行面前还能耍一下威风,但遇到了真正的行家里手,就会露出破绽。

我们熟知的同仁堂、海底捞等品牌,都是因为一开始就专注于某个领域,成就专业品质,而成了这个行业的专家,最终获得了成功。相反,一开始就"押宝"过多领域,会让个人或企业对每个行业都浅尝辄止,分散有限的精力和资源。做公司尤其应该注意这点,不专精就不可能成功。

十几年来，澳林专注服务中国中小城市的消费者，不断深耕，已经结出累累硕果。比如，山东乐陵澳林新天地购物广场通过不断优化服务和商品的选择，赢得了消费者的口碑，让乐陵市民养成了每天都要去澳林购物广场转一转的生活习惯，这种信赖正是因为我们"专注"于消费者体验而收获的果实。

未来，我们还将专注于新零售，本着为顾客创造价值的理念，在这一行业精益求精，不断提升顾客购物体验，成为顾客的买手和帮手，紧紧抓住"卖货——零售的本质"这一点，进行服务和商业的创新，让澳林零售能被更多的消费者认可和信赖。

2. 总结规律，执行流程

我们主张要将复杂工作简单做，并不是在鼓励大家偷懒。将复杂工作简单做，是要对之前的工作流程进行深入思考，将企业内外部错综复杂的环境、各种因素之间的制约关系等纳入考量范围，认真分析研究，找到事物发展的客观规律。复杂工作简单做，实际上是一种总结规律、制定更优化的工作流程以及严格执行这一流程的工作方法。这不仅是精益求精的过程，也是提高工作效率和业绩的必然要求。

机场值机柜台的服务人员总能够微笑着有条不紊地处理工作，尽管他们的工作环境很嘈杂，工作常常被意外状况干扰，但优秀的值机柜台服务人员始终能保持一种较为稳定的工作状态。他们为什么能做到这一点？这是因为，对所有可能遇到的问题，机场方面事先都备有严格的解决流程和预案，机场用这些流程和预案培训员工，让他们能专注于解决每一个客人遇到的问题。

与机场值机柜台服务人员的工作类似，澳林购物广场的导购员也有导购流程做指导，还备有各种退换货流程和预案；柜组主任则有引进货源流程、财务流程等。澳林的最终目标是，在所有的公司和部门中总结出和每个人工作有关的流程和解决问题预案，让所有的员工都能做到复杂工作简单做。

3. 简单工作重复做

将简单工作重复做，其实是迈向精益求精最有效的方法。

科学家需要重复做科学实验，技术工人需要重复操作生产设备，魔术师需要重复训练魔术项目。只有在重复做的过程中不断体悟，才能总结和掌握做好工作的规律和方法，这也是熟能生巧的要义。

在中央电视台春节联欢晚会上以变魔术一炮走红的魔术师刘谦，一直以刻苦训练著称，他曾说："我一旦决定要做一件事，就一定要做到顶尖。我也相信，如果想要做到顶尖，就必须异于常人。不光做的事情要不一样，你的想法、做法，包括你的意志都要完全不一样。"

的确，简单工作重复做并不是一件容易的事情，需要坚强的毅力。每天重复工作，很容易滋生枯燥、厌倦的不良情绪，如果没有坚强的毅力和在细节中追求尽善尽美的决心，是很难将简单工作重复做下去的。

北京王府井百货大楼门前矗立着一尊铜像，他就是20世纪80年代被称为"一把抓"的糖果售货员张秉贵。张秉贵在卖糖果的简单工作中不断摸索，练就了"一抓准"和"一口清"的过硬本领，将接待一个顾客的时间从三四分钟减为一分钟。他通过特有的眼神、语言、动作、表情等，为顾客提供热情周到的服务，几乎造就了那个时代商业领域的服务规范。正是凭借不屈不挠的毅力，数十年如一日地专注于工作，张秉贵才成为熟能生巧的典范，为消费者创造更大的价值。

工作只有在重复和苦练中，才可能得到升华。

4. 细节决定成败

精益求精的关键是细节，细节决定成败。

工作是由若干个小细节组成的，我们只有对每一个环节都做到一丝不苟，真正达到环环相扣、滴水不漏的境界，才能让工作获得预想中的成功。

诺贝尔生理学或医学奖获得者屠呦呦遍访中医典籍，收集了2000多个药方，640多种中草药，到1971年，筛选出200多个提醇物样品,并对每种样品都做了严格的测试,但效果不尽如人意,尤其是青蒿在疟疾抑制率上表现并不好。本着精益求精的精神,之后她又重新翻阅古书典籍,终于在《肘后备急方》中看到"青蒿一握,以水二升渍,绞取汁,尽服之"后,决定采用低沸点溶剂提取青蒿素。正是这样对细节的极致追求,屠呦呦终于成功找到疟原虫抑制率100%的青蒿提取物。

我们反对员工眼高手低,一个人要先做好自己的本职工作,因为"小"里蕴含着"大"。著名的企业家稻盛和夫也说过,要在人生和工作的细节中不断修炼和磨砺自己,最终才能拥有经营的智慧。因此,在澳林,无论是管理者还是员工,都需要将每个工作环节掰开来揉碎了分析,这样才可能发现问题,解决问题,让自己的工作成果向着高水准不断进步。

◆总结

无论是生活还是工作,用心才能发现精彩,用心才能收获快乐,用心才能赢得尊重。

工作中,澳林人首先要有主人心态,也就是主人翁精神。与其相对的是打工心态,即老板付钱我出力,这种心态会导致自我价值的严重浪费。事实上,每一个成功的职场人,首先要有的就是主人心态。因为只有在这一基础上,

第二章 解读澳林核心价值观

我们才有可能主动争取、积极负责,才有可能追求成功、永不言败,并最终创造出自己的美好未来。

认识世界的最高境界,是用心去感受。做任何事,如果达不到用心的程度,得过且过,浑浑噩噩,肯定不可能成功,因为那样行事,你就会成为组织中可有可无的人,谈不上有任何核心竞争力。

用心,就必然追求精益求精。无论是简单工作重复做,还是永无止境地追求细节的完美,这个过程都是必需的:用生活和工作中的细节不断磨砺自己,不断修炼和精进,把每个当下做到极致。

在我们身边,想做大事的人很多,但真正做成大事的人很少。我们不缺少战略家,缺少的是精益求精、不断进取的有心人。我们应该改变心浮气躁、急功近利的坏习惯,注重细节,把小事做细做好,这样日积月累,才能成就大事。在澳林,无论是员工还是管理者,要想获得进一步的发展,要想做到难以替代,就必须用心。

◆践行案例

1. 业主的守护者(乐陵澳林物业)

澳林物业为每户业主都绘制了业主动态图,对业主的家庭情况进行了具体分类,细致到家里有几位老人和小孩、子女是否在外地工作、房屋是否出租等,并且时刻根据楼层管家反馈的信息进行更新。业主动态图是为了精准地服务每一位业主,每个楼层管家都要对自己负责的业主信息进行反复记忆,以便随时应对突发情况。他们工作的重点还包括通过对信息的整理和分析,预判业主的需求,让物业服务更加贴近业主的切实诉求。

比如,针对空置房,澳林物业会定期巡查。发现楼顶太阳能热水器漏水,业主又常年在外地工作的情况,楼层管家通知业主后,会马上同步联系维修师傅上门服务。遇到房屋新装修而业主长期出差、无法通风的情况,楼层管家还会帮业主定期开窗通风。物业平时还会替业主多留意,为他们的空房子寻找合适的租客。

澳林物业有一套完善的健康档案管理流程是专门服务于老年业主群体的。他们为每一位老人建立健康档案卡,详细记录老人的身体情况,定期为老年人测量血压血糖、做健康饮食指导、探访慰问等,并主动帮助他们代办一些需要跑腿的社区业务。以业主动态图为基础,澳林物业在日常工作中推广优化了一系列用心、创新的工作方式,得到了众多业主的好评与信任。

2. 一次破例的开张(澳林永城零售防损部)

几年前,永城当地的各大商超还没有开始提供免费配送服务。一天晚上,澳林永城零售防损部的一位员工看到有小区邻居在业主群里诉苦,说自己公司明早要来重要客户，急需采购一些新鲜水果用于接待，由于时间太晚，市面上的水果店和超市大都已经关门了，实在是买不到新鲜水果了。这位邻居正在为这件事着急，并在群里说："澳林要是明天能早点开门就好了！"

这位员工看到这个消息后，马上找经理说明情况，经理批准了她第二天早上提前带顾客入场选购水果的申请，她随即联系了这位邻居。第二天，这位邻居在澳林顺利买到了需要的水果，该员工还帮他把商品直接送到了单位。

提升顾客满意度一直是澳林追求的目标，公司不仅要为顾客提供良好的硬件环境，还要为顾客提供超出预期的用心服务，这样才能赢得顾客的认可。经过这件事之后，公司开始有意识地在制度上做出一些更加人性化的调整，以便能更好地为消费者服务。

3. 来之不易的鲜莲藕（永城澳林零售生鲜组）

千方百计为顾客挑选高性价比的商品，是澳林业务员贯彻始终的重要原则。特别是应季、大批量的商品，澳林的采购人员要直接去源头采买，省去中间商环节，把利润让给顾客，以实现顾客和澳林的共赢。但是要找到优质的源头供应商并不是件容易的事情，员工需要付出大量的时间和精力，并且用百折不挠、精益求精的精神去完成这一工作。

临近莲藕上市的季节，永城澳林零售生鲜组的一位员工发现批发市场的商户为了让莲藕更耐储藏，都会喷药，这样既影响口感，也不健康。但不喷药的莲藕又不耐储藏。为了保证莲藕安全新鲜，经过多方询问，她找到了一个万亩莲藕基地，提出采购一批不喷洒任何药物的莲藕，经过几番协商，终于谈妥一个双方均认可的购销方式，并同意当天提供一批货做超低价活动试水。澳林购物广场利用国庆节客流量较多的特点进行销售，并由专人导购，这批"特别"的莲藕不仅品质好、够新鲜，价格还远低于一般的市场价格，消费者买到后都非常满意。

澳林一直提倡寻找商品源头，为消费者争取实惠的工作方式。员工们也都认为，虽然费神费力，但只要目的是更好地服务消费者，工作结果达到双赢，再辛苦都是值得的。

4. 平凡岗位上的朱姐（河间澳林玻璃智造产业园）

朱姐是澳林玻璃智造产业园的厨师。玻璃智造产业园有三分之一的员工来自外地，一日三餐都需要在公司食堂里吃。项目地停电停水时有发生，每逢这种时候，她就拿起两个大桶，骑上助力三轮车去三四里外的地方取水。有一年冬天，连续停水四天，朱姐每天要运水一两趟。北方的冬天天寒地冻，冷水洒在衣服上立马就冻上一层薄冰，她也毫无怨言。春夏秋冬，无论严寒酷暑，遇到任何问题，朱姐一次都没有耽误过开饭。

朱姐有20多年企业食堂掌勺的经验，自制的米酒、腌菜等风味独特，做出的饭菜融合了南北口味，老少皆宜。为了在有限的经费内让大家吃得更好，朱姐在项目旁的空地里还开辟了几分地种菜，浇水、除草、治虫，样样不落。她总笑着和大家说："吃着有机蔬菜，又为公司省钱，一举两得。"

澳林基层有很多像朱姐这样在平凡岗位上精益求精、用心工作的同事，他们也许不善言辞，每天的工作内容十分普通，但却身体力行，把每一件工作都用心做到极致。正是他们的勤劳与执着，潜移默化地影响着身边的同事一起努力前行，成就了澳林企业文化核心价值观中用心的典范。

四、核心价值观：关爱

所谓关爱，就是以尊重的心态去关心、爱护我们周边的每一个人。如果说在卖场买东西的消费者、买住宅商铺的业主是澳林的外部客户，那么，同事就是澳林的内部客户。只有兼顾内外，不顾此失彼，一个企业才能获得最终的成功。在澳林，关爱最主要的一个方面就是关心、爱护每一个员工，让他们在澳林能够开心、幸福地工作。

毫无疑问，企业首先是追求经济效益最大化的，但另一方面，企业与每一位员工的根本利益也是一致的。企业的成功会给员工带来更大的发展空间。员工每天平均至少有八小时在企业度过，企业有责任照顾好自己的员工，让他们在这里通过工作获得理想的报酬以及成就感，过上自己想要的生活。

澳林核心价值观对关爱的定义有三个维度：爱员工、欣赏与包容员工、大爱无疆。

（一）爱员工

关爱，可以分为"关"和"爱"，"关"是关注，而"爱"是重点。

爱的前提是尊重。"经营之神"松下幸之助曾这样告诉他的高层领导者："要想很好地激励员工的积极性、责任感，你们就要拿出激励的武器——尊重。"任何人都有被尊重的需要。用松下幸之助的话来说就是：经营者必须兼任"端菜"的工作。这句话的意思是说，经营者应该随时怀有为员工服务的谦逊态度，对努力尽责的员工要满怀感激之情。尊重了别人，也就为自己赢得了尊重。

爱员工的关键是要帮助到员工。口头上的爱远不如在行动中体现的爱来得更真诚、实在。市场经济充满竞争，企业有经营压力，员工也面临着来自工作、生活中的各种压力，上司要对员工的处境有共情能力，关注他们的情绪，帮助他们解决遇到的各种难题。爱员工需要做到生活上关心、情感上贴近、困难时帮扶。同样，在管理中加入真诚的帮助，通过各种管理方法提升下属的能力，也是爱员工的一种方式，上司要能够为他们做好职业规划，帮助员工创造出美好的未来。

1. 尊重员工

在澳林，管理者应该尊重每一位员工。

一是要摆正与员工的关系。管理者绝不能把自己与员工的关系看成是一种单纯的领导与被领导的关系。澳林是个大家庭，管理者和员工之间应该既有团结协作、同舟共济的关系，也有兄弟姐妹般相互关怀的情谊。每个管理人员都要有与员工身份平等、合作共事的心态。

二是应该虚心向员工学习。管理者要放下架子，要有不耻下问的精神，虚心向员工学习。要相信团队的力量，相信员工的智慧，群策群力，不要单打独斗。在决策过程中主动征求员工的意见和建议，这样既能为管理者带来更广阔的视角，也能让员工有参与感，感觉自己的人格受到尊重，自身价值得到认同。

三是要注重正面引导。遇到问题，对员工要以诚相待，晓之以理、动之以情，正面引导，达到解疑释惑、统一思想的目的。工作方法切忌简单粗暴，要以理服人、以德服人。

2. 帮助员工

具体来说，应如何帮助员工呢？

第一，"萝卜青菜，各有所爱"。每个管理人员都要像厨师一样关注下属的"口味"，对于每个下属的现状和需求有详细的了解，这样才能"对症下药""投其所好"。

第二，良好的工作条件和环境是员工能全身心投入工作的前提。谁都愿意在健康、愉快的环境中工作，好的环境会使人提高工作意愿，改善工作绩效，激发团队自豪感和对美好生活的向往。管理者只有为员工创造出实实在在的便利条件和良好环境，员工才能更好地工作。

第三，管理者需要让下属看到未来的发展之路，这样才能让下属有明确的奋斗目标，迸发出工作激情，并获得成就感。管理者关心下属中最重要的一条，就是要做下属职业规划的引路人。

爱员工就要帮员工提升业务能力和职业素养。员工进步了，团队整体实力也会加强。同时，这意味着管理者可以从"救火队员"的一线角色中脱离出来，去思考更重要的战略和发展问题。

管理者首先要有愿意帮助员工成长的胸怀，其次要有能够切实帮助到员工的方法。帮助员工，最重要的是培养他们独立分析问题、解决问题的能力。授人以鱼，不如授人以渔，讲的就是与其传授给人既有知识，不如传授给人学习知识的方法。

在中国式管理的氛围里，上司会"手把手"地教，告诉员工该怎么做或不该怎么做，这样容易使他们产生依赖心理，不利于员工能力的提高，也无法培养出员工的创新能力和创新精神。对于像澳林这样快速发展的公司而言，更要避免"手把手""填鸭式"的管理，应该努力营造出齐头并进、万众创新的工作氛围。

需要强调的是，关爱员工不仅要发自内心，而且要经常通过语言、行动甚至活动的形式表达出来，不能过于含蓄。

总之，各级管理者都要把员工的冷暖挂在心上，情系员工，关心他们的衣食住行、喜怒哀乐，把员工的小事当作自己的大事，急员工之所急、想员工之所想，真心实意为员工办实事，解除员工的后顾之忧。

此外，爱是需要回馈的，对于被关爱的一方而言，也要懂得感恩。如何更好地给予和接受，对每个澳林人来说，都是一门必修课。

（二）欣赏与包容员工

欣赏与包容既是管理者看待员工时应有的态度，也是员工之间应有的关系。稻盛和夫曾经说过："唯有懂得欣赏别人的长处，才能领导更多的人。"世界上没有十全十美的人，也不会有一无是处的人。现实生活中，每个人都有优点和缺点，能否欣赏与包容别人，关键在于一个人能否认识到自身也是有缺点的普通人。

1. 欣赏员工

欣赏员工是指要懂得欣赏员工的优点。

管理者要学会以欣赏的眼光来看待每一位员工——真诚的欣赏是相互尊重的体现，也是同事关系的润滑剂。

人都有感知对方对自己看法的能力。在交流的过程中，欣赏别人或被别人欣赏时，一个人的心情总是愉快的。领导和周围同事的欣赏，会大大激发员工的自信心和积极性，会驱使他们进一步去展示优点和发挥长项。

有些管理者喜欢赞扬下属的优点，有些则总是指出下属的不足，相比之下，前者的工作往往推行得更为顺利。唯有懂得欣赏别人的长处，才能领导更多的人。如果你总觉得别人这也不行、那也不行，长期用"鸡蛋里挑骨头"的态度去评价和要求下属，不但员工做不好事，团队也会离心离德——久而久之，你会发现周围没有一个可用的人了。

1968年，美国心理学家罗森塔尔和同事来到一所小学，说要进行7项实验。他们从一至六年级各选了3个班，对这18个班的学生进行了"未来发展趋势测验"。之后，罗森塔尔以赞许的口吻将一份"最有发展前途者"的名单交给了校长和相关老师,并叮嘱他们务必要保密,以免影响实验的正确性。其实,罗森塔尔撒了一个谎,因为名单上的学生是随机挑选出来的。8个月后,罗森塔尔和同事对那18个班级的学生进行复试,奇迹出现了:凡是上了名单的学生,个个成绩都有了较大的进步,且性格活泼开朗,自信心强,求知欲旺盛,更乐于和别人打交道。这个实验催生了一个名词,叫罗森塔尔效应,亦称皮格马利翁效应或人际期望效应。

如果只是简单地将罗森塔尔效应归类为鼓励式教育,那就错了。在实验中,老师们是真诚地相信学生有天赋。这种"坚信"会有意无意地通过老师的态度表达出来,通过给予更多辅导、赞许等行为传递给学生;学生的积极反馈激起了老师更多的教育热情,如此循环往复,让期望成了现实。在这个实验中,重要的不是方法,而是背后的"相信",是真诚认可他人长处这一价值观。澳林核心价值观中的关爱,要求公司各级管理者都能真正挖掘出和发现员工身上的优点,并发自内心地给予认可、欣赏。

另外,管理者也要能欣赏员工的"不成熟"。当员工提出工作建议时,可能因为眼界和站位,建议本身并不符合公司的实际情况,但有经验的管理者会看到对方这一行为中蕴含的态度——他们会尊重员工的诚恳和责任心,也会欣赏员工的勇气。

如果管理者换个视角，从尊重和欣赏的角度来观察下属的工作，就会发现每位员工都有很多可圈可点的优点。如果管理者能将这些优点加以放大，并在团队内部不断地传播，这些优点就会成为所有组织成员的共同财富。

2. 包容员工

包容员工是指要理解和包容员工的缺点与不足。

用欣赏的眼光看待员工，就要求管理人员在肯定员工优点的同时，对员工的缺点和不足多一些包容，纠正员工的错误时多一些技巧。聪明的管理者用人所长，而不是揭人之短，他们不但会在用人时扬长避短，也会通过言传身教、培训等方法，慢慢帮助下属克服短板。

包容，就是要允许下属不懂或不会，允许他们有错误及不足。在澳林，我们承认而且允许有适当的灰度存在。这里要说明的是，灰度和我们日常生活中的"灰色地带""灰色收入"完全不搭界。我们所说的灰度，是指不用非黑即白的"二极管"思维看人看事——这不是一种客观看待事物的正确思维方式。大千世界中，绝大多数人和事存在灰度，是介于黑白之间的。我们既然倡导实事求是，就应该承认灰度在现实中是客观存在的。

澳林认为管理者应该有容忍新手的气量，让他们说话，允许他们犯合理的错误。一家容不下员工出半点差错的企业，是无法成长为百年老店的。从为员工职业生涯考虑的

第二章 解读澳林核心价值观

角度来说，也不能因为一次小小的失败，就让他们产生负面情绪，或失去周围人的信任。如果企业不能容错，朝气蓬勃的员工就会为了防止犯错，渐渐变成圆滑世故的职场老油条。他们会很自然地选择安于现状、按部就班、谨小慎微、循规蹈矩，信奉"不求有功，但求无过"的职场生存法则。

管理者最容易犯的毛病之一就是总用自己的能力、水平与下属比，总觉得对方不如自己。反过来想，管理者在某些方面比下属强是应该的，更何况管理者并不能确保自己在每个方面都比下属强，也不可能不犯错误。"人非圣贤，孰能无过。"管理者如果对下属的过失斤斤计较，并施以过于严苛的惩罚，只会打击大家的积极性，给管理工作带来隐患，甚至会影响到整个部门乃至企业未来的业绩。

如果管理者在下属犯错时，以宽广的胸襟原谅他们，给予其改过的机会，并且帮助他们从跌倒的地方爬起来，就会得到员工对错误的真诚反省和对团队的忠诚。

下属不是衣服，不合适就换、用过就丢。下属是团队和企业大家庭中的一员，非到万不得已，绝对不会被轻易放弃。管理者有这种认知，才会有包容之心，才能正确对待犯错误的下属。成大事者必须学会制怒，不能控制情绪的人不适合当管理者。

当然，包容并不是说让管理者去做"好好先生"（澳林明确反对管理者当"好好先生"),而是要他们学会设身处地地为下属着想。以一颗包容的心面对下属的错误,理解他们犯错的动机和原因,就能变责怪为分析、变惩罚为激励——这样做不仅不会让下属反感,还会让下属怀着感激之情,和团队一起继续进步。

(三)大爱无疆

将关爱的边界不断延展,爱家人、爱朋友、爱邻里、爱弱势群体、爱社会、爱祖国,力所能及地关心、帮助别人,就是大爱无疆。爱是无敌的,澳林人应有这样的认识、胸怀和境界。爱既是澳林精神信仰中的引领力量,也是前面讲到的核心价值观利他的基础。

企业是社会的有机组成部分,可以说也是"公民",企业公民理应承担起对社会各方的责任和义务。澳林要成为一家受人尊敬的企业,视野就不能局限于个人、企业或行业,而是应该扩展到社会。我们不仅为消费者提供良好产品、最佳服务,还与社会的健康和福利密切相关,应该全面考虑对所有利益相关人的影响,包括雇员、客户、社区、供应商和自然环境。所以,澳林的定位不是一家地产开发商,也不是一家零售商,而是"美好生活供应商"——认识不到这一点,就不算理解了澳林的企业文化。

比如,作为社区的一分子,为了建设良好的邻里关系,

第二章 解读澳林核心价值观

乐陵澳林物业一直在母亲节、妇女节、中秋节等节日组织文艺汇演和慰问活动，并在夏天为业主熬制、赠送解暑绿豆汤。此外，乐陵澳林物业又推出了"义务理发送祝福"活动，为留守在家的老人、儿童免费理发送"福"字。澳林零售则会在炎热的夏季为普通的环卫工人送去饮水杯、凉被及防暑药品等，也会在年底熬制腊八粥，为周边的环卫工人提供免费早餐。

作为企业公民，十余年来，澳林陆续向社会捐助钱物以资助经济困难的学子，多次被地方政府评为纳税先进企业。2020年春节期间，面对突如其来的新冠疫情，澳林零售坚持"稳物价、惠民生"的经营原则，赢得了消费者的广泛赞誉。随着公司规模不断扩大，盈利能力不断增长，澳林会继续加大在公益事业上的投入力度。

人生最大的快乐就是助人。只有懂得付出，只有真诚地关心他人、帮助他人，我们才会收获心灵的温暖、情感的充实和精神的富有。心理学家艾瑞克·弗洛姆说："给予本身就是一种强烈的快乐。"人们也常说，"赠人玫瑰，手有余香"，一个个发自内心的善行，最终会汇聚成大爱。而帮助人的过程，无形中也帮助我们净化了灵魂，升华了人格。

◆ 总结

关爱，首先要爱员工，这里的爱，更多地体现在变管为帮，这就需要管理者能够平等看待员工，帮助其在能力方面得到提升。但是，我们不能把爱变为迁就，甚至是纵容，否则就是对每一个在岗位上兢兢业业工作的澳林人极大的不尊重和不负责。因此，这就需要管理者把握好尺度，从细微之处入手，既能用欣赏的眼光来看待每一位员工，又心怀包容，能正确客观地在日常工作中做出判断。

澳林长期深耕中小城市，公司的定位是"美好生活供应商"，一如既往地为中小城市市民提供像大城市一样舒适、有品质、丰富多彩的生活软硬件。这一定位本身就体现了澳林对中小城市消费者的大爱。作为企业公民，澳林一直积极纳税，为地方经济和社会发展努力贡献自己的力量。同时，澳林积极参与慈善事业，关爱弱势群体，力争让社会充满爱和温暖。

爱是可以激发共鸣的，我们每个澳林人都应该成为爱的策源地和发动机。

◆ 践行案例

1. 用心守护业主生活（乐陵澳林汇管家物业）

乐陵澳林汇小区的老人比较多，他们中不少人的家属

第二章 解读澳林核心价值观

是忙着干事业的中青年,有的甚至长期在外地工作,所以对老年人群体的关爱就成了澳林汇物业工作非常重要的一部分。小区有一对老人,老太太的心脏不太好,老爷子有些老年痴呆的早期症状,很喜欢自己一个人出去遛弯,有时候就会找不到回家的路。在一个下着蒙蒙细雨的清晨,值班员在巡检时看到一位老人在外面乱转,赶忙上前询问,发现老人想不起自己的家在哪儿,值班员马上将情况汇报给主管,并与其他同事交流了解到相关信息后,将老人送回家,同时电话告知其子女关于老人走失的情况,并提醒他们制作老人的身份信息卡让老人随身携带,避免出现再次走失的情况。

还有一对儿女都不在身边的老夫妻,老太太患有乳腺癌,做了多次化疗。物业管家知道了这一情况,几乎每周都去老人家中帮老人做家务、量血压、拉家常。如果隔一段时间没去,老人还会关心地问:"她最近忙啥呢?"老人有什么需要跑腿的事,比如,天然气卡和有线电视开通、电费水费代缴等,物业管家也都帮忙代办。

澳林汇类似这样的案例还有很多,老人日常生活中需要的服务往往很琐碎,物业管家必须心怀大爱,非常用心才能做得让人满意。通过真诚、细心的服务,老人们渐渐地把物业管家们当成了自己的家人,他们的子女对澳林汇物业的服务精神也非常认可。

2. 跟员工一起过节（乐陵澳林汇管家物业）

2021年的六一儿童节，澳林物业举办了主题活动，帮保洁阿姨们重拾童年的快乐。阿姨们戴上鲜艳的红领巾，吃着甜甜的棒棒糖，聊着各自童年的趣事，大家脸上都洋溢着快乐幸福的笑容。丢手绢、运气球、抢凳子、蒙眼吃香蕉，童年的小游戏，让阿姨们笑得前仰后合。游戏中场休息时，阿姨们吃着平时自己的孩子和孙子辈爱吃的零食，享受了重回童年的快乐。

冬至那天的天气特别寒冷，但在澳林物业的职工餐厅，由管理人员倾情制作的"饺子宴"却让人感觉无比温暖。北方冬至有吃饺子的习俗，但保洁阿姨们工作繁忙，每天打扫园区，早出晚归，很少有机会吃上现做的饺子，物业管理人员为了让保洁阿姨们在这个特殊的日子里吃上热乎的饺子，早早就开始忙碌起来。到了阿姨们的下班点，皮薄馅儿大的饺子就端上了桌。到场的阿姨们围坐一圈，大家边吃边聊，整个餐厅就像在老家过年一样，充满着和谐、幸福和快乐。

澳林物业不只有冬至的水饺，还有寒冷腊八的八宝粥、冬天温热的红糖姜丝水、炎炎夏日的消暑绿豆汤。澳林物业人的工作性质，让他们比大多数人能更深地体会到关爱和尊重的意义，这些事虽然很小，但能温暖员工的心灵，让他们有"家"的感受，提升了员工的归属感。爱也是能激发共鸣的，澳林物业的关爱能让员工们将"家"的快乐和温暖，传递给他们服务的居民。

3. 突如其来的抉择（临漳澳林城市之窗售楼处）

临漳澳林城市之窗商铺即将开盘时，正是外拓部门全力组织团队下沉各乡镇和街道拓客的时候。当时，负责外拓的部门经理家中老人突然去世，外拓人员本来配置就不多，大部分外拓资源是由他来对接的。外拓经理每天的培训、整理、复盘等工作非常繁杂，其他同事也无法代替他承担组织和统筹工作。外拓经理当时面临着两难选择：本应该回家奔丧，但工作情况千头万绪，离开很容易导致前期工作功亏一篑。

最终，责任心让外拓经理选择了暂时坚守一线，不离岗、不下线，按部就班安排好各项工作，确保外拓工作顺利推进。项目领导则第一时间安排专人驱车几百里到这位经理家中帮忙料理老人后事，直到外拓经理处理好工作后赶回家里，随行同事又代表公司帮助他忙里忙外。

这件事让员工们深刻体会到了关爱在关键时刻展现出的力量，也成为澳林员工守职守则、企业和团队内部互助的典范。一个企业的发展，本质上就是对内积累人才、对外积累客户的过程。在这个过程中，关爱是最好的催化剂。关爱是要有爱心，把同事当成自己的亲人，把在一起工作看成缘分。如果团队乃至整个企业的成员们，从生活到工作中都能互相关爱和帮助，整个澳林大家庭就一定会更融洽，更有战斗力。

4. 杜绝随礼的陋习（澳林物业团队）

2020年3月份，物业公司负责人通过与员工谈心了解到，集团内存在相互随礼和吃请频繁的现象，其中大部分应酬是没有必要的，只是为了吃请而吃请。大部分员工其实对随礼这件事苦不堪言，随礼吃请后，钱都让餐馆赚了，辛苦一个月的工资所剩无几，很容易造成家庭矛盾。

负责人组织专题会议讨论研究了这个问题，管理层也都发表了意见，有同事认为应该杜绝这类现象，也有同事认为随礼吃请是"人情"，取消容易伤害同事情分。负责人则认为基层员工工资不高，这种过度的吃请随礼反而是在隐性破坏员工之间的感情，并不利于团队的和谐发展。为解决基层员工的经济压力及思想负担，负责人结合各方意见，根据实际情况制定了《随礼及吃请制度》，并于2020年5月正式下发执行。规定如果员工家里有事，公司就拿出团建经费代表大家随礼；平时员工之间若需要帮助，提倡采用以帮助换帮助的互助形式，并且互助后不提吃请。

这个制度试行了一段时间后，员工们纷纷表示，随着碍于面子被迫随礼、随意吃请的陋习消失，他们的工资能够都用于家庭开支，生活压力减轻很多，大家平时相处也更加轻松了。对管理者来说，关爱并不是一句空话，需要不断认真聆听下属的心声，切实通过制度来保障员工的根本利益，这也是澳林作为企业对关爱的实践之一。

五、核心价值观：讲规则

任何社会都有规则，做人有做人的规则，做事有做事的规则。规则是由群体里的所有成员一起遵守的条例和章程，俗话说"没有规矩，不成方圆"，如果规则遭到破坏，社会就无法正常运转，企业也是一样。

规则，是一切组织得以维持和健康发展的前提。

规则这个词所指比较宽泛，现实生活中包括像法律、法规、政策、制度、规定、契约、合同、承诺等都是规则。作为公民，我们首先肯定要遵守国家的法律法规，遵循社会的规则和做人的基本原则。而澳林在核心价值观里谈到的规则，更多的是指澳林作为一个企业自己设置的规章制度（程序、标准、要求）和文化。

任何规章制度都不可能完全涵盖组织内的所有事务，也不可能尽善尽美。对有些问题，即使有规定、有制度、有流程，也可能会因为制定时间滞后无法适应新的情况，或制度本身也存在缺陷。这时，身为组织的一员，我们该怎么办呢？

这就必须依靠我们的原则——澳林企业文化来进行决策、判断。澳林企业文化是指导我们处理工作问题时的最高准绳，必须坚持到底。管理实践中，我们既要"把爱给够"，让员工在有规则的前提下获得尊重和关爱，又要在制度上"把话说透"，绝不放松对任何人的严格要求。

为什么是"讲"规则，而不是"守"规则？

既然要依规则行事，公司又有成套的制度流程，员工是不是只要一切按照制度流程办事就行了呢？不是。对于初创或快速发展的公司而言，制度和流程永远是滞后的，已经制定的制度，未必能预见到未来的所有情况。所以，不加思考，就简单按制度流程来决定一件事做不做、怎么做，很可能造成组织内部的教条主义或官僚主义泛滥。从某种程度上看，这也是一种渎职。

这就是我们把澳林的核心价值观称为讲规则，而不是守规则的原因。"讲"是强调你要有规则意识，尊重规则；而"守"则强调要严格遵守，不得逾越。

很多人读到这里可能会感到困惑：一方面要坚持按制度流程来管理，一方面又说呆板地按照流程办事也是一种渎职，我们到底应该怎么办？

其实，这两种态度的差别就在于：执行制度流程时，是奔着达成结果去做的，还是完全不关注结果，只追求过程中的免责。如果是前者，执行者一定会主动积极、想方设法不为教条束缚，想尽办法完成任务，并在事后提出建议来完善规则，这是积极、正向的工作态度；如果是后者，执行者就会端起架子，打着官腔，用制度和流程来推脱或扯皮，丝毫不在意结果。

对后者，澳林是深恶痛绝并坚决反对的，这是典型的官僚主义。

在澳林，我们对讲规则的定义有两个维度：以法治思维做管理，坚持原则不动摇。

（一）以法治思维做管理

讲规则，其实就是用法治思维来做管理，管理的每一个方面都要贯穿规范、流程；在没有管理制度的地方，以法治思维为指导来认识、分析、解决具体问题。法治比天大，比地大，也比任何人大，要用"法眼"看世界。

对于同一件事物，不同的人从不同的角度、不同的立场出发，得出的结论往往大相径庭，这就是所谓"仁者见仁，智者见智"。但任何组织要统一行动，都必须达成共识，共识就是"法"（制度、流程、规范等）。

我们要以符合共识的眼光看世界，用共同遵守的依据来判断事物。有法律规则的，我们就按法律规则来判断是非；没有法律规则的，我们就按法的原则来判断是非；没有法的原则，我们就按法的精神来判断是非。

澳林人在工作中遇到任何事情，首先要考虑的是规章制度是怎么判断这个事情的，这就是从法的角度来加以审视、判断和思考，而不是简单地从经济、道德等角度来思考。具体来说，无论是管理者还是员工，想问题、做决策、办事情，都必须依照制度、规章、流程，必须主动自觉地接受这些制度、规章、流程的制约，并承担相应责任。

1. 法治思维与人治思维

在人类文明发展史中，规范行为的方式在不断演进：先是人治，后是法治，而法治是现代社会的一个基本框架。在人治社会，一个能左右逢源、平衡各方的人，就是能人，应该得到表彰。但是，到了现代社会，社会关系尤其是利益关系错综复杂，协调这些关系更多地需要依靠法律和规则，人们就必须具有法治思维。

法治思维是相对于人治思维而言的。人治思维即权力思维，权力、地位代表真理，信奉"官大一级压死人"。但只要是人，就会犯错误，拥有权力者也不例外，所以权力不可能与真理画等号。人治思维危害极大，其决策结果与当权者的能力、道德素质相关，所以在古代，我们经常看到人存政举、人亡政息的历史悲剧。

澳林明确反对人治思维和官僚主义，坚持法治思维。法治意味着承认法律在社会管理中的主导地位，法治思维意味着法律至上而不是关系、人情、伦理或"潜规则"至上。坚持法治思维，是因为我们认识到了个人的局限性，是因为我们必须对公司和每个员工的前途负责任。

只要做企业管理，法治思维就必不可少。法治思维，说到底就是制度思维。好的制度会让坏人变好，不好的制度会让好人变坏，这是不争的事实。

作为管理者，我们更要坚持法治思维，澳林必须有一套完整的制度和流程去决策、监督、管理，做到事前防范、事中管理、事后追责。唯有这样，才能使公司保持快速、稳健的发展。

2. 以法治思维做管理的核心是制定规则

管理就是要追求达成目标的确定性，而凡事只要制定好规则，把事办好的可能性就会大大增加。

所谓制定规则，就是拟定制度和流程。制定规则，意味着我们对于事物的发展规律已经掌握得比较充分，知道如何应对变化，也能预见到决策的后果。在澳林，我们非常强调办事要总结规律，然后通过制定制度和流程来固化这些规律。这样，依靠制度和流程，人人都能明白做事的方法。

之所以要制定规则，有两个原因。

第一，只要有规则就可以复制。

每当我们做完一个重要的工作或者项目，都要从中提炼关键信息和已知的规律，通过精益求精、优胜劣汰的原则选取解决问题的方法，然后将其固化在制度和流程中。同时，我们要做好随着市场环境不断变化，调整或优化这些规则的准备。有规则的好处是，无论任何部门或单位，遇到同类型的事情都可以按照规则去处理。好的规则会极大地减少新手做事情的难度，增加成功的概率。

第二，制定规则的过程其实是进一步优化制度和流程的过程。

制定规则的过程，本身就是一个制度和流程优化的过程。这有点像写文章：一件事，如果只是在心里想或口头说说，是很容易的事情，但要诉诸笔端就会困难得多，因为必须想清楚才能落笔，而且是一个再三推敲逻辑、例证和表达方式的过程。但写成文章的好处是，一旦写出来了，我们对文章内容本身的理解会更加深刻。另外，好文章是修改出来的，规则也需要与时俱进，根据市场环境和人的变化不断修订，这也是二者相似的地方。对各级管理者而言，制定规则且不断优化它，是非常有效的管理手段，也是必须学会的工作方法。

3. 如何制定规则

成功的企业家，既是企业文化的创造者，也是规则的撰写和制定者。管理者如何制定规则，有三个要点。

第一，规则要专注重点，要简洁。

刘邦当年攻破秦朝的都城咸阳，废除了秦朝的繁律苛法，凭借简明扼要的"约法三章"，很快便树立起了新政权威严天下、取信于民的形象。"约法三章"说明大道至简，

第二章 解读澳林核心价值观

法律和规则只有强调重点，才可能被很好地执行。规则越多越琐碎，不分主次，就越不可能被很好地执行；只有简洁易懂，才可能被掌握和记忆，而这正是规则被执行的前提。制度要有效，而非冗长，而简单有效正是澳林的管理风格。

很多企业制定的规则十分繁复，有的甚至多达几百页，试问有多少人能记下来？如果记都记不住，又谈何践行呢？当然，规则和对规则的解释是两码事。规则必须简洁，但为了帮助员工更好地理解规则，解释与阐述的篇幅可以视情况而定。

第二，规则要能工具化。

管理的实质是方法论：找到方法，拥有了能够将其实施下去的管理工具，就可以达成目标。

第三，规则要定期进行优化和调整。

规则不可能永恒不变，新技术的应用，经济形势发生变化，包括规则在使用中出现问题，这些都是需要我们主动去优化和修正规则的时点。

总之，一个企业要想让工作井然有序地展开，要想保持健康、快速的成长，就必须坚持法治思维，进行制度化管理；要想统一员工思想和行为，使整个组织更有凝聚力和战斗力，就必须制定与实际情况相适应的系列规章制度。

（二）坚持原则不动摇

讲规则就要坚持原则不动摇，必须敢于直面后果，对就是对、错就是错，错了就要接受惩罚。这是最基本的常识，也是将公平正义落实到工作中的根本保障。

坚持原则不动摇，是澳林核心价值观的底线和红线，任何管理者和员工绝对不能违反这一点。比如，廉洁是澳林的基本原则，对于贪腐，我们必须零容忍。

坚持原则不动摇，有所为、有所不为——能这样做的员工会是澳林的"安全阀""稳压器"，也是"保险杠"。

坚持原则不动摇，首先意味着要坚守法律法规及社会道德。在法治社会里，法律和道德的约束无处不在，身为公民，想问题办事情必须遵守法律法规和道德准则。而在工作中，我们每个人都会遇到原则与利益相冲突的时刻，一个真正的澳林人是不会为了利益而放弃原则的。坚持原则，即使面对再大的不正当获利也不动摇；坚持原则，不因利益而将不轨行为合理化。只有这样，才能做出正确的决策。

在工作中如何坚持原则不动摇？这意味着上至管理者、下至普通员工，每一位澳林人都需要充分理解澳林的企业文化，严格遵守企业核心价值观。

首先，坚持原则，是澳林对管理者的基本要求。

身处管理者的位置，必然拥有一定的权力。权力如果失去制度、纪律和原则的约束，就会像脱缰的野马、失控的洪水，害人害己。讲不讲原则，是衡量一个管理者是否称职的重要标准。原则既是方向和底线，也是管理者的护身符。在面对诸多诱惑时，对管理者而言，坚持原则是最简单、正确的选择，也是唯一的选择。

其次，坚持原则，就不能当"老好人"。

讲原则就要做到公正无私，始终维护公司利益。"老好人"往往对复杂的矛盾和问题不敢"碰"，对错误意见不敢"顶"，到头来，问题解决不了，工作也无法推进。无法坚持原则，说到底是私心在作怪，怕得罪人，这其实已经违背了澳林核心价值观——诚实。而坚持原则，虽然一时可能会得罪少数人，最终却会赢得绝大多数人的支持。

最后，坚持原则，就不能感情用事。

讲感情、重亲情，乃人之常情。但怎样对待感情，如何过好亲情和友情关，对每一位管理者、员工来说都是十分现实的考验。不少人就是因为在讲感情这个问题上没有把握好尺度，最终付出了沉重的代价。无数事实告诉我们，感情是把双刃剑，处理好了能心情愉快地工作和生活，对人生事业都有益。反之，如果过度感情用事，就会影响工作，贻误事业，甚至自毁前程。

坚持原则和澳林提倡的关爱并不矛盾，要在坚持原则的基础上关爱；若不坚持原则，关爱就会变质。在处理各种关系时，把公司制度、流程事先讲明白，是坚持原则的重要前提。说到底，倡导坚持原则，也体现了企业对管理者、员工的关爱。从长远来看，讲原则不但可以避免大家犯下不可挽回的错误，也能促进企业的良性、健康发展。

这是个讲规则的时代。谁讲规则，谁就会获得自由；谁讲规则，谁就会获得快乐；谁讲规则，谁就会获得收益。

◆ 总结

讲规则，需要我们以法治思维做管理，核心是制定规则，也就是标准化管理。我们要通过优化制度和流程，来提高组织、个人的工作效率，由此提升效益。

随着澳林的规模迅速扩大，员工人数不断增多，原来企业赖以发展的制度、流程有可能会成为企业进一步发展的障碍。比如，原来澳林靠高层事无巨细的指挥来管理，虽然办事效率高，但随着部门、层级增多，这种指挥式管理就会出现漏洞。澳林必须逐步实现规范化、流程化管理，明确工作部门归属、人员归属和流程归属，一切按照流程规定办事。这样做，不但能够提升工作效率，也可以避免谁都负责、谁都不负责的现象出现。

对于暂时还没有制定具体制度规范的事务，我们要以法治原则来做判断。贯彻法治精神，是在澳林实现公平、公正的根本保障。

第二章 解读澳林核心价值观

◆践行案例

1. 一条裤子的售价（永城澳林零售裤业部）

澳林购物广场一直强调原产地直采。在进货过程中，采购部门不断利用进货量优势，降低进货价，尽可能为消费者提供价格最实惠的优质商品。

有一次，裤业部进了一款裤子，因为是少量进货，当时进价是100元，加上运费，标签价是140元，一上架就非常热销。柜组主任想方设法找到源头工厂，把批量拿货价谈到80元。按照以往的惯例，公司会把标签价相应降低到120元。此时有员工提出异议，同款裤子在其他商场180元都在卖，我们卖140元，已经很优惠了，是否一定要降到120元？

柜组主任向裤业部的同事们重申了降价的原则：我们执行的是相对固定的利润率，售价是跟着成本价浮动的，如果成本降低，售价不变，一次两次还行，时间久了，商品定价就没有了规律。在长期购买过程中，消费者会慢慢发现一些商品的价格并没有那么实惠，他们对澳林"为顾客节省每一分钱"的认知就会消失，这就是裤业组坚持标价120元的原因。时刻恪守内部规则，实际上保障了我们对顾客的承诺，守护了顾客和澳林之间由于长期信任形成的默契。

2. 100%退换货规则背后（乐陵澳林零售服装部）

澳林购物广场始终坚持100%无条件退换货政策，这是公司经营的重要理念。推行这个政策，一方面是为了让消费者始终能在澳林买到满意的商品，另一方面也是为了杜绝员工不依据顾客的实际需求乱推销的现象。顾客来澳林购物是基于对我们的信任，如果商品确实不适合顾客，就应该允许顾客退换。这样做，能最大限度地降低顾客的损失，更好地提升他们的购物体验。澳林虽然因此会有一些损失，但能赢得口碑，良好的口碑能为企业的不断发展、壮大打下坚实的基础。

但在具体执行100%无条件退换货这一政策时，管理层必须有坚决的态度。很多员工一开始并不能完全理解规则制定者的意图，所以初期出现过执行不到位的情况。比如，有一次，一个顾客拿着一件已经洗了好几次的夹克衫外套来退货，给出的理由是夹克衫穿起来不合适。当时有同事觉得这个理由不合理，坚持不为顾客办理退货。部门经理详细了解了顾客退货的具体原因后发现，顾客购买夹克时是初秋，不需要拉上拉链，敞开穿并没发现什么问题；等天冷了拉上拉链才发现，由于夹克衫款式比较年轻化，下摆收得比较紧，拉上拉链后，下摆一直往腰上跑，穿着很不舒服。部门经理判定，这属于销售没有发现商品特殊性导致的售后问题，理应100%无条件退换货。于是，经理马上为顾客退货,并对不同意退货的员工深入解释了规则背后的意义,帮助大家进一步理解了100%无条件退换货这一政策。

从公司决策层起,澳林始终要求严格执行100%无条件退换货的售后政策。在各级管理层和员工都深刻理解了规则制定的动因之后,这一政策已经得到了很好的贯彻,也收获了顾客的一致好评和赞许。

3. 处罚与关爱并存(乐陵澳林湖畔花园物业)

2021年,有业主反映,中午的时候小区岗亭无人值守。秩序主管得知后,迅速调取监控,发现确实存在秩序员上岗期间擅自脱岗回车睡觉的情况,秩序员本人也承认有脱岗行为。但经过进一步了解,才知道该员工是因为母亲住院,一整夜陪护照料没有睡觉,白天接着来上班,这才发生了脱岗去车里休息的错误行为。事实上这位员工入职以来表现一直良好,并无其他过失。

员工的脱岗行为确实违反了公司制度及秩序岗位职责,领导并未因为员工的"特殊"情况,就对此事"大事化小,小事化了"。无论什么原因,脱岗都是违纪的,如果再遇到类似特殊情况,正确的处理方法应该是员工找主管申请替岗休息,而不是擅自脱岗空岗。本着"爱字当头,从严管理"的理念,公司对其进行了处罚:该秩序员在公司晨会上做检讨,秩序主管及部门经理负了连带责任。但同时他们也对这位员工的上班时间做了相应调整，让他有更多时间去照顾生病的母亲。

澳林一直要求每个子公司都严格执行管理制度，奖罚分明，不感情用事。但严格管理并不代表公司没有人情味、不关心员工。在澳林，奖罚的本质是为了帮助员工成长得更加优秀，让团队的整体素养更高、更有战斗力。

4. 严守产品质量底线（乐陵澳林零售督查部）

澳林规定，临近过期的食品必须提前全部撤柜，这条规定是为了保证顾客买到食品后还有相对充足的食用时间，绝对不可逾越。2021年8月7日，负一层超市出售的某饮品因过期而被顾客退回。经查验，饮料柜组没有严格执行临期商品管理的相关规定，已经违反了澳林"满足顾客对商品根本需求"的经营理念，经公司研究决定，针对相关责任人、柜组主任以及自选超市部经理给予全公司通报批评并罚款500元的处理。

澳林也一直非常重视打击假冒伪劣商品，经营理念督查组会从原料、款式、图案、品牌等多个维度严格检查现有商品，确保消费者买到实惠而又放心的商品。在产品质量方面，一旦查出问题，为了让员工能铭记公司规定，都会有严厉的惩罚和整改措施。

澳林零售的口碑来自长久的坚持。要做到坚持原则不动摇，如何处理违反规定的行为，如何在后续的工作中帮助员工深入理解公司的原则,就变得尤为重要,这也是将公平公正落实到工作中来的根本保障。

第三章　深入理解澳林管理哲学及其方法论

一、灰度思维

灰度思维是澳林管理哲学的重要组成部分，也是一种人生处世哲学。那么，什么是灰度思维？为什么要提倡灰度思维？如何养成灰度思维？灰度思维与澳林核心价值观之间是什么关系呢？

（一）什么是灰度思维

所谓灰度，就是说万事万物并不是非黑即白的，很多事物处于黑白之间的状态——灰。灰度思维是指为了组织、团队等群体的长远或整体利益，以相对包容、辩证的思维去待人处事，能够换位思考，不走极端，不钻死胡同，能理解、欣赏和包容人。

（二）为什么要提倡灰度思维

提倡灰度思维的必要性体现在如下几个方面。

第三章 深入理解澳林管理哲学及其方法论

1. 判断团队发展方向需要灰度

一个团队的生存环境和发展前景不是那么简单、纯粹、易辨别的，存在着多元、复杂和不确定性。任何群体未来的发展方向，不可能一开始就十分明确，只能在混沌中摸索、在前进中产生、在灰度中彰显。存在灰度，才能实现动态和谐，才能使各种影响发展的要素实现最佳配置。

2. 对团队领导的看法需要灰度

"金无足赤，人无完人。"一个人能力再突出，也会存在一定的缺点和不足，团队的管理者也是如此。不要拿凸透镜（放大镜）看管理者的缺点和自己的优点，也不要拿凹透镜看管理者的优点和自己的缺点，认为领导水平不过如此。当然，这并不是说下属不能指出管理者的缺点和问题，帮助管理者改正错误、少走弯路，是团队里每个人的责任。在这里提倡灰度，是强调不要苛求，不要"鸡蛋里面挑骨头"。

3. 对团队成员的评价需要适当的灰度

和管理层一样，团队成员也是人，不是神，所以评价成员也需要灰度。要容忍新手，让他们说话，允许他们有非主观意愿的过失。一个无法容错的团队，很容易被眼前的矛盾和困难挡住视线，而看不到它们背后蕴含着丰富的可能性。如果因为一个小小的失败或失误，就让成员失去名誉和信任，从此没有翻盘的机会，那么就不难理解为什么许多曾经意气风发的青年，会逐渐变成圆滑世故的职场"老人"，甚至慢慢成为创新最坚定的反对者和抵制者。他们会安于现状、按部就班、循规蹈矩；他们会信奉"不求有功，但求无过"的职场生存法则；他们会对一切都照抄照搬，想方设法逃避责任。这种气氛还会造成比错误本身更糟糕的结果，那就是成员在犯错之后，竭力掩盖或推卸责任。

犯错误，有时并不是工作中的纯负面指标：无所事事当然不会出错，勤力做事却有可能犯错，重要的是知错能改，及时总结经验。管理者给失误者、犯错者纠正的机会，不以一时成败论英雄，这是对团队的莫大激励。对团队中的每个成员来说，管理者在他失误、犯错时向他伸出一只援助的手，比在他成功时给予掌声更容易让他感动。

4. 团队管理也需要适当的灰度

团队是由人组成的，既然领导层和员工都存在灰度，团队管理自然也会存在各方面的不足。将灰度思维用于团队管理，就会以阳光健康的心态积极看待发展中存在的问题，并尽最大努力加以改正，而不是相互抱怨，推卸责任。

（三）如何养成灰度思维

1. 宽容心态

人与人的差异是客观存在的。所谓宽容，其本质就是容忍人与人之间的差异。不同性格、特长和偏好的人能凝聚在一起，靠的就是人与人之间的宽容。多一些对别人的宽容，彼此就都会多一点发展空间。宽容并不是软弱，它所体现出的退让是有目的、有计划的，主动权掌握在自己的手中。只有勇敢的人，才懂得如何通过宽容去团结大多数人，才能在组织内部减少内耗。

凡事都充满了两面性，在对立统一中发展，强调灰度思维，就能求同存异，并形成团队强大的战斗力。

2. 大局观

灰度思维是胸襟开阔的表现。只有站在更高的地方，从团队的长远、整体利益这一角度去看问题，才能真正搞清楚当前事件发生的意义和价值，才能正确判断是非对错，才能为了顾全大局而让渡部分个人意愿与喜好。任何目标的达成，都需要依靠团队协作，理解灰度这一概念所做出的让步是为了实现团队协作，实现共赢。这种让步不是软弱和不坚定的表现，而是一种管理艺术、一种美德、一种智慧，掌握这种高超的技巧，具备这种美德和智慧，是成为一名优秀管理者的必经之路。

（四）灰度思维与澳林核心价值观之间是什么关系

可能有人认为灰度思维与澳林核心价值观之间存在矛盾，事实上不是这样的，灰度思维是在坚持澳林核心价值观基础上的超越。

1. 灰度思维与利他不矛盾

每个团队成员所处的位置不同，视角也不同，未必都能真正理解问题的根本。提倡灰度思维，就是要提醒员工和管理者认识到其他人的意见的可贵——必须多倾听不同人的意见，并不断反思自己。

2. 灰度思维与诚实不矛盾

诚实是澳林所有经营管理工作的指导思想，也是最根本的原则，灰度思维不能违背或逾越这一点。

3. 灰度思维与用心不矛盾

用心是要求员工要有主人翁精神，要精益求精。灰度思维是在坚持精益求精的前提下，更平和地看待努力后的最终结果，换言之，过程中首先要"尽人事"，但对于结果要放平心态"听天命"。

4. 灰度思维与关爱不矛盾

关爱要求我们要理解、欣赏和包容人，这正是灰度思维的精髓。只有求同存异，才能发自内心地去关爱别人。灰度思维从更高层面强调了关爱的重要性。

5. 需要特别说明的是，灰度思维和讲规则也不矛盾

讲规则要求我们用法治思维做管理、坚持原则不动摇，而灰度思维要求我们不要过分追求非黑即白。灰度思维是对讲规则基于成员差异和复杂环境等现实原因的有效补充。灰度思维不是反对法治思维和坚持原则，而是在大家都讲规则的前提下，认识到每个人因认知不同导致对同一件事的判断可能不同，这就要求我们用灰度思维去宽容不同的甚至完全相反的意见。

总之，灰度思维要求看待他人要多着眼于其优点、包容其缺点，要用大格局来看待工作和生活中的不同意见，要站在更高层面理解、把握、利用事物发展规律，避免因为僵化的认知导致不必要的矛盾发生和升级。

灰度思维本质上是一种协作共赢思维。我们在生活和工作中与人相处，都有必要掌握灰度思维。

二、解构：澳林的利他方法论

利他是澳林的经营之本，是一切经营决策的指针，在整个核心价值观中具有纲领性作用。那么，如何落实利他呢？一是要靠管理工具——澳林特有的利他自查对照表；二是要掌握正确的方法论——解构。

我们提出的解构这一方法，是通过对初始问题不断分解,最终将其细化为十分具象的、可解决的问题。细化的问题越具体、明确,我们就越清楚努力的方向,就越能想出有针对性的解决办法,从而让产品更优化、让服务更熨帖、让工作更有针对性,进而让服务对象的满意度大幅提升。

解构也是在"三当一就"基础上更进一步细化的方法:通过解构,可以让"当我发现了服务对象的根本需求"中的根本需求变得更加具体、明确;通过解构,也可以让"当我为这一需求付出最大的努力"中的努力变得更有方向性和操作性。

我们在服务中要实现利他,就要根据服务对象的根本需求,对产品及服务的各个细节进行解构。解构思维就是精细化思维。举例来说:奔驰公司就是在乘客舒适性这个根本需求上不断解构,发现之前的安全带勒紧会让人很不舒服,于是采用了先收紧,然后再略微放松的设计,从而解决了舒适性需求上的关键问题;微信则非常重视用户的细微体验,研发团队曾经考虑过,是否要像其他聊天软件那样在每条消息上显示已读或未读,但团队反复讨论后认为将消息显示未读或已读,容易引起用户使用时的等待焦虑,最终决定取消。

具体来看,解构这一方法论,能在实际经营中帮助我们解决三个问题。

第一是认知清晰化。利他这个概念内涵很丰富，有的人会因此对其产生无从下手的感觉，担心做不到。也有的人会认为利他很容易，转而在心理上轻视它。但如果通过解构做事的目标，得到具体流程和关键节点，我们就会有明确的路径感，对利他既不仰视也不轻视，而是坚定地平视，通过实施逐步达成目标。

第二是路径明确化。简单地说，就是能让我们清楚地知道达成利他这一目标需要做哪些事。通过解构，我们可以参照现实条件，根据事情的轻重缓急，做好计划和进度表，有条不紊地推进工作。

第三是纠偏高效化。如果执行动作不到位导致结果偏差，就要及时纠偏。由于达成目标的路径和关键节点都很清楚，我们能用最快的速度排查出是哪个环节导致了偏差，从而及时纠正。

解构能有效厘清利他这一目标和具体行动之间的逻辑关系，因此，解构是实践利他的最佳方法论。如果掌握不了这个方法论，即便想利他，也很难做到。

那么，在具体工作中，如何运用解构这一工具呢？

（一）任何经营都可以通过解构发现客户需求

经营是企业或经营者有目的的经济活动，更多是"对外"的、为客户服务的，并且追求盈利。不进行解构、不自查自检，经营者就无法精准地满足客户需求，为客户提供良好的服务。客户不满意，就会让我们偏离通过利他最终获得企业和个人发展（利己）的目标。

举例来说，通过图 3-1 所示的购物广场用心服务解构图就可以对澳林的部分产品（服务）进行解构。

第一层解构我们聚焦在客户的根本需求上，第二层解构是针对第一层某一需求的拆解分析（其他需求也应照此思路进行），第三层解构是针对第二层某一需求继续拆解分析。需要指出的是，图中所示的解构内容属于不完全列举，解构层级也不止于四级，此图只是为了帮助大家训练解构思维，各业务部门可以根据实际情况决定解构内容和层级。

这里，我们仅选取上图所示零售业务进行简要解释。

比如，如何才能让消费者建立对澳林零售的信赖感？关键是满足消费者的需求，这样一来，就必须对消费者的需求进行分解。通过研究，我们认定，消费者购物的根本需求就是商品，商品的核心就是品质，所以第一层解构就是将消费者的主要需求分解到品质这个层面，通过自采自营、源头供货、精挑严选、自检自查来严密地把控好商品品质。

但只解构到这一层是远远不够的，对品质这一根本需求还可以进行再度解构。比如，关于品质保障，我们还可以这样来通过解构细分：好品质的标准是什么？如何通过采购、仓储、销售、服务全流程保障好品质？发现假冒伪劣商品怎么办？……解构到这一层还远远不够，上述环节还可以再继续解构下去，比如，关于采购，如何找到高品质货源？如何与供应商谈判？如何规划进销存？销售中发现品质不达标的商品，如何向供应商退换货？如何保障独家货源？……

不难看出，将商品品质这一层解构得越细，落实到零售部门日常工作上的可行性就越大，且关键节点和如何做好工作的流程就越清晰。

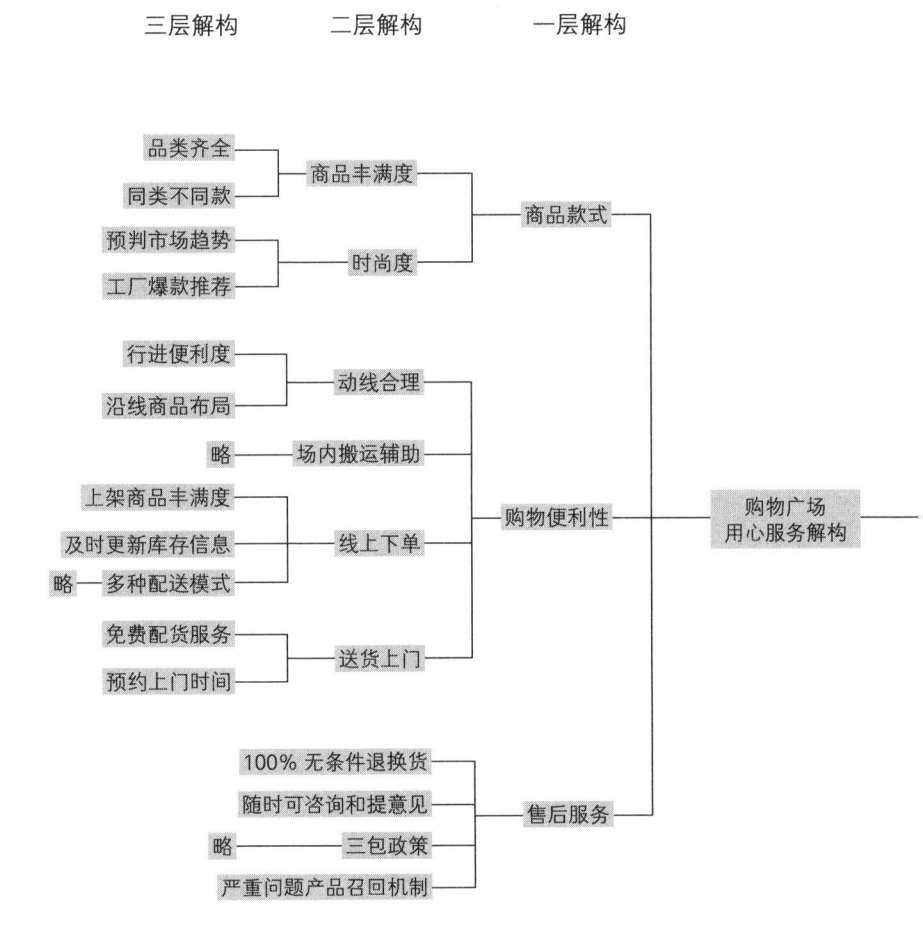

利与他

购物广场用心服务解构

三层解构	二层解构	一层解构
品类齐全 / 同类不同款	商品丰满度	商品款式
预判市场趋势 / 工厂爆款推荐	时尚度	
行进便利度 / 沿线商品布局	动线合理	购物便利性
略	场内搬运辅助	
上架商品丰满度 / 及时更新库存信息 / 略	线上下单 / 多种配送模式	
免费配货服务 / 预约上门时间	送货上门	
100% 无条件退换货 / 随时可咨询和提意见 / 略 / 严重问题产品召回机制	售后服务 / 三包政策	购物广场用心服务解构

第三章 深入理解澳林管理哲学及其方法论

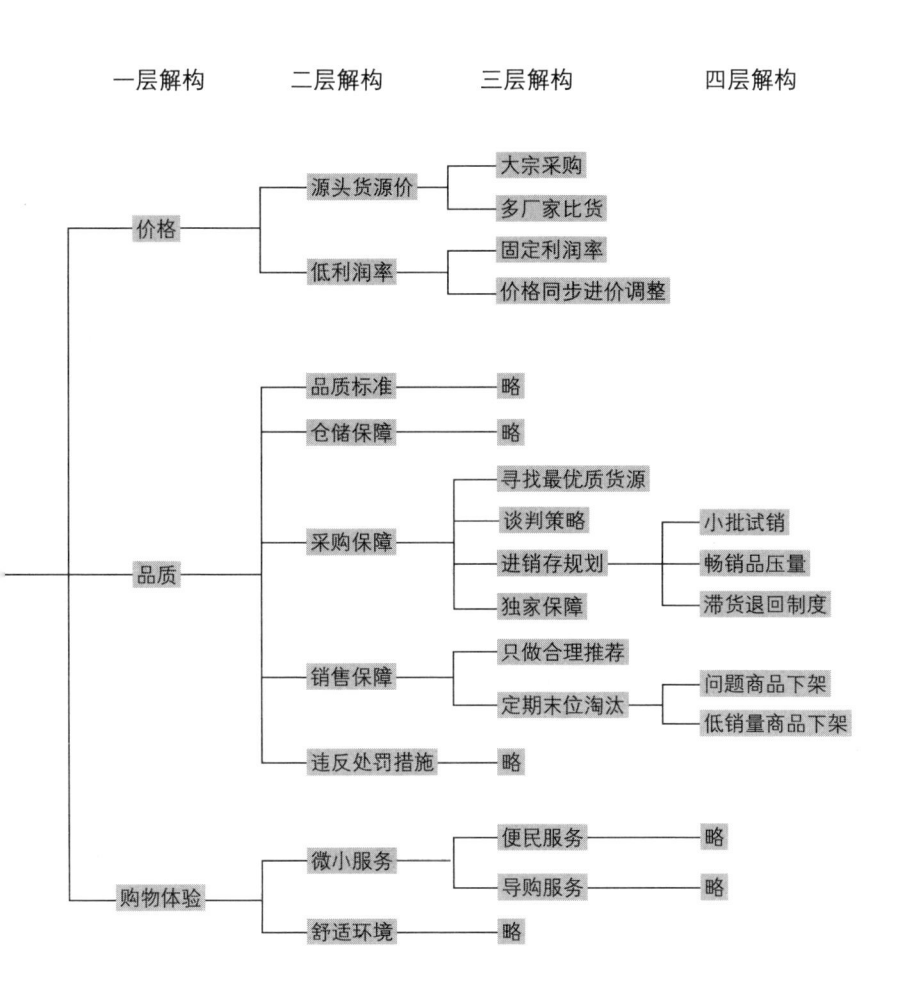

```
一层解构        二层解构          三层解构              四层解构

                         ┌─ 源头货源价 ─┬─ 大宗采购
            ┌─ 价格 ─────┤              └─ 多厂家比货
            │            └─ 低利润率 ───┬─ 固定利润率
            │                           └─ 价格同步进价调整
            │
            │            ┌─ 品质标准 ─── 略
            │            ├─ 仓储保障 ─── 略
            │            │              ┌─ 寻找最优质货源
            │            │              ├─ 谈判策略           ┌─ 小批试销
            ├─ 品质 ─────┼─ 采购保障 ───┤                     ├─ 畅销品压量
            │            │              ├─ 进销存规划 ────────┤
            │            │              └─ 独家保障           └─ 滞货退回制度
            │            │              ┌─ 只做合理推荐       ┌─ 问题商品下架
            │            ├─ 销售保障 ───┤                     │
            │            │              └─ 定期末位淘汰 ──────┴─ 低销量商品下架
            │            └─ 违反处罚措施 ── 略
            │
            │            ┌─ 微小服务 ───┬─ 便民服务 ── 略
            └─ 购物体验 ─┤              └─ 导购服务 ── 略
                         └─ 舒适环境 ── 略
```

图 3-1 购物广场用心服务解构图

（二）任何管理都可以通过解构提升效率

管理是管理者通过实施计划、协调、控制等职能来协调他人的活动，可以被认为是"对内"的。管理的本质是为了让大家合力实现既定目标。"科学管理之父"弗雷德里克·泰勒认为，管理就是指挥他人能用最好的办法去工作。在这个过程中，如果不通过解构去发现问题，隐藏的问题就可能影响工作效率。因此，解构是帮助员工和管理者在实践中找到最好办法的工具。

举例来说，集团工程部工作的第一层解构可以是设计管理、结算审计和其他方面，而从设计管理入手，第二层解构可以是设计条线体系化建设、方案及施工图设计、过程管控等，再依次进行第三、四层解构；如果单独从工程管理入手，则第一层解构为进度管控、质量监控、安全文明管控等，再依次进行第二、三、四层解构（见图3-2）。对于城市公司综合办管理工作来说，第一层解构可以是人事管理工作、行政管理工作、计划运营管理工作以及钉钉数字化运营管理工作；而从人事管理工作入手，第二层解构可以是组织架构梳理、职位体系管理、人员招聘配置、薪酬福利管理、绩效考核管理、培训管理等；在培训管理工作方面继续深入，第三层解构可以是新员工入职培训、部门业务专题培训、项目管理专项培训等（见图3-3）。

由此可知，公司内部管理想要达到任何目标，都可以借助以上思维方式进行解构，从而厘清思路。

（三）所有产品都要通过解构来配置成本支出和产品优势的关系

利他的实质，是企业要最大限度地满足服务对象的根本需求，从而获得自身的健康发展。绝大多数服务对象的根本需求是性价比，而企业为了维持日常运营和发展，也要保持合理的利润。因此，我们要用有限的总成本支出，做出最能让服务对象满意的产品。这就要求我们在做产品时，要将有限的资源尽可能多地用在刀刃上——做这个工作，就需要运用解构方法论。

举例来说，汉庭酒店的创始人季琦，就是运用了类似解构的方法，找出了汉庭的最佳产品定位和相对应的产品配置。他和团队将顾客对经济型酒店的根本需求进行了拆分，分别细化为：价格、安静程度、卫生状况、床铺质量、室内装修、房间大小、服务质量、建筑美感、餐饮设施、服务休闲和大堂空间（见图3-4）。由于汉庭是经济型酒店，顾客对价格和环境都很敏感，这就要求汉庭把成本支出变得更为精确。团队通过对目标客户群体的分析，把有限的成本大量集中在顾客更为在意的卫生、优质服务、安静改造、床铺舒适度等选项上，尽量降低大堂空间、休闲

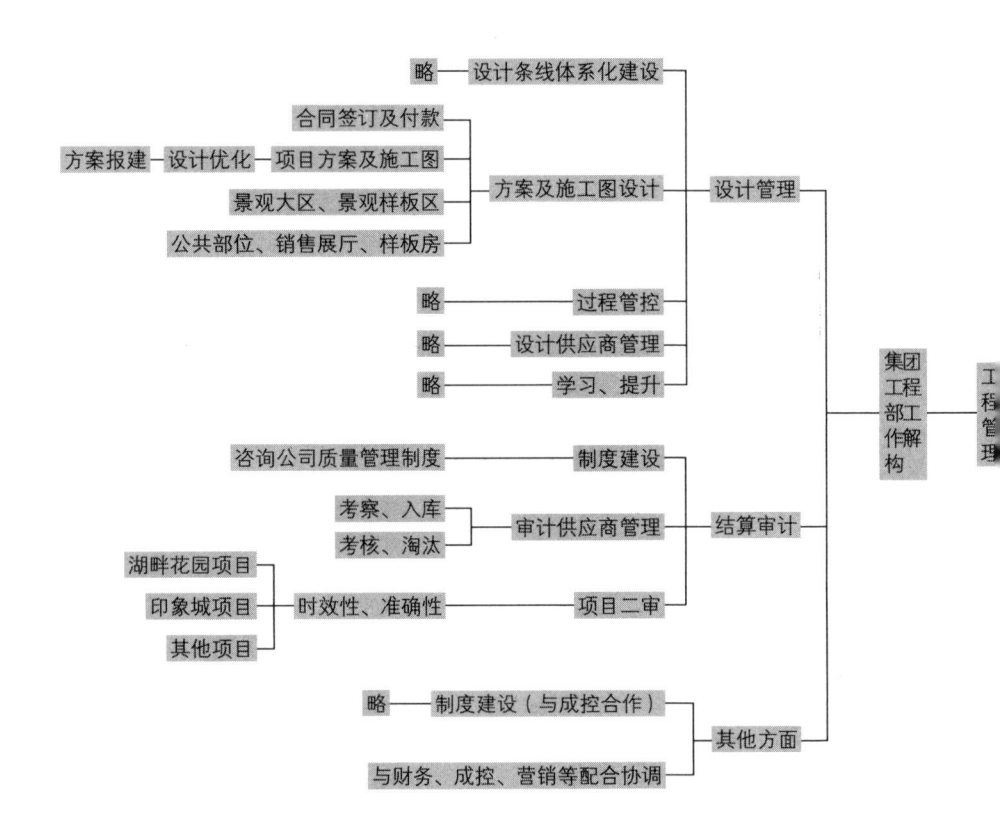

利与他

| 四层解构 | 三层解构 | 二层解构 | 一层解构 |

- 略 —— 设计条线体系化建设
- 方案报建 — 设计优化 — 项目方案及施工图
  - 合同签订及付款
  - 景观大区、景观样板区
  - 公共部位、销售展厅、样板房
  → 方案及施工图设计
- 略 —— 过程管控
- 略 —— 设计供应商管理
- 略 —— 学习、提升

以上归入：设计管理

- 咨询公司质量管理制度 —— 制度建设
- 考察、入库 / 考核、淘汰 —— 审计供应商管理
- 湖畔花园项目 / 印象城项目 / 其他项目 — 时效性、准确性 —— 项目二审

以上归入：结算审计

- 略 —— 制度建设（与成控合作）
- 与财务、成控、营销等配合协调

以上归入：其他方面

总归：集团工程部工作解构 → 工程管理

140

第三章 深入理解澳林管理哲学及其方法论

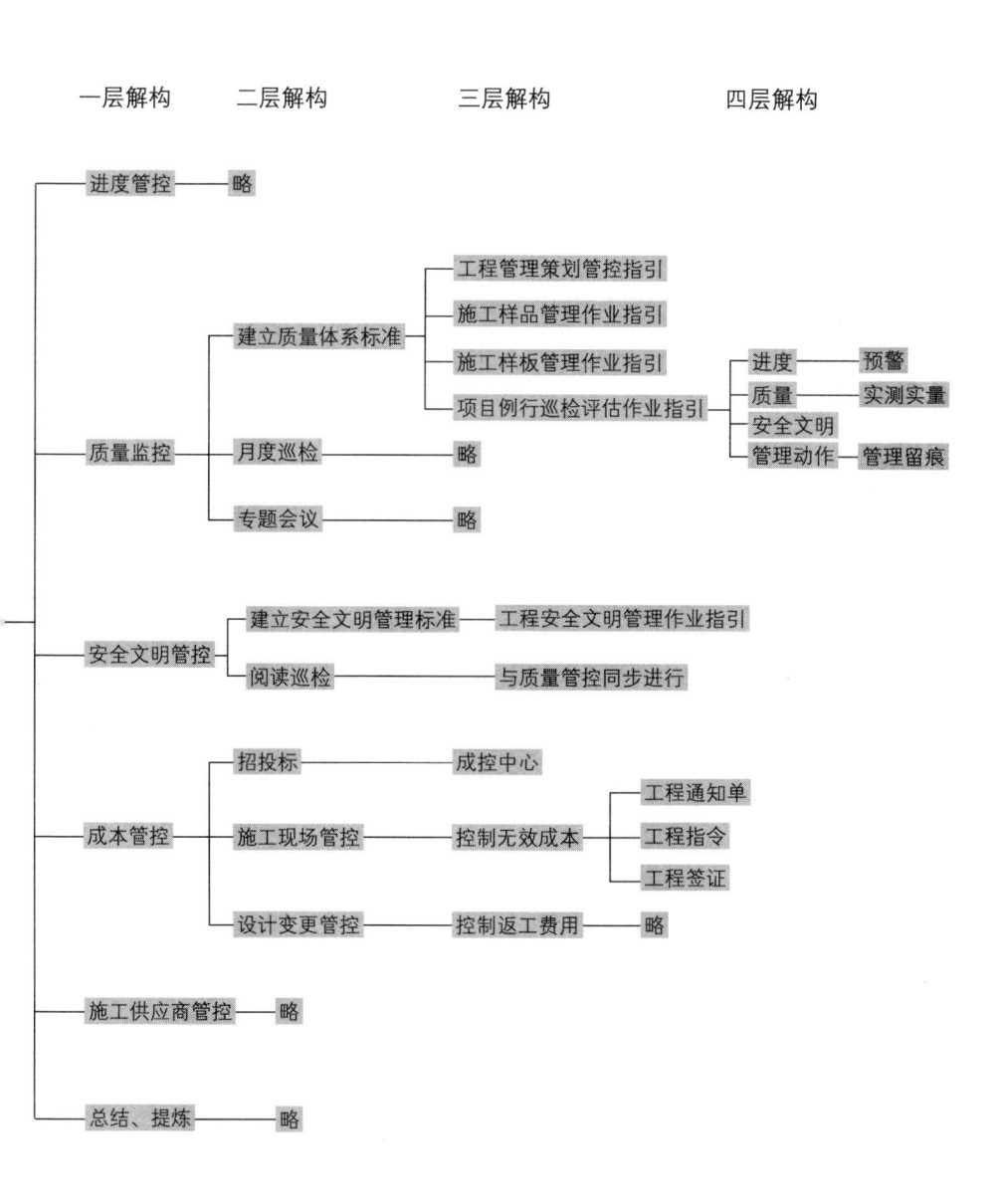

```
一层解构          二层解构              三层解构                    四层解构

├─ 进度管控 ── 略

│                                    ┌─ 工程管理策划管控指引
│              ┌─ 建立质量体系标准 ──┤─ 施工样品管理作业指引
│              │                     ├─ 施工样板管理作业指引     ┌─ 进度 ──── 预警
├─ 质量监控 ───┤                     └─ 项目例行巡检评估作业指引─┤─ 质量 ──── 实测实量
│              ├─ 月度巡检 ── 略                                 ├─ 安全文明
│              └─ 专题会议 ── 略                                 └─ 管理动作 ── 管理留痕
│
│              ┌─ 建立安全文明管理标准 ── 工程安全文明管理作业指引
├─ 安全文明管控┤
│              └─ 阅读巡检 ──────────── 与质量管控同步进行
│
│              ┌─ 招投标 ──────── 成控中心
│              │                                     ┌─ 工程通知单
├─ 成本管控 ───┼─ 施工现场管控 ── 控制无效成本 ─────┤─ 工程指令
│              │                                     └─ 工程签证
│              └─ 设计变更管控 ── 控制返工费用 ── 略
│
├─ 施工供应商管控 ── 略
│
└─ 总结、提炼 ── 略
```

图 3-2 集团工程部工作解构图

利与他

三层解构　　二层解构　　一层解构

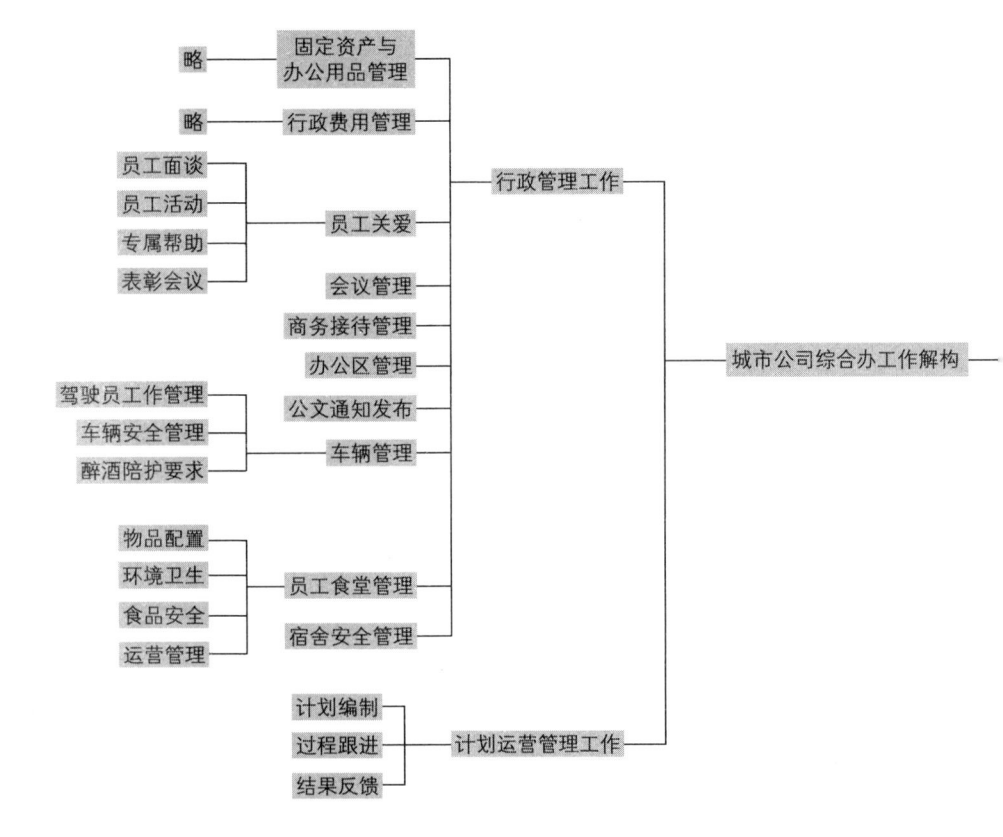

- 固定资产与办公用品管理 — 略
- 行政费用管理 — 略
- 员工关爱
  - 员工面谈
  - 员工活动
  - 专属帮助
  - 表彰会议
- 会议管理
- 商务接待管理
- 办公区管理
- 公文通知发布
- 车辆管理
  - 驾驶员工作管理
  - 车辆安全管理
  - 醉酒陪护要求
- 员工食堂管理
  - 物品配置
  - 环境卫生
  - 食品安全
  - 运营管理
- 宿舍安全管理

以上归属：**行政管理工作**

- 计划运营管理工作
  - 计划编制
  - 过程跟进
  - 结果反馈

总归属：**城市公司综合办工作解构**

第三章 深入理解澳林管理哲学及其方法论

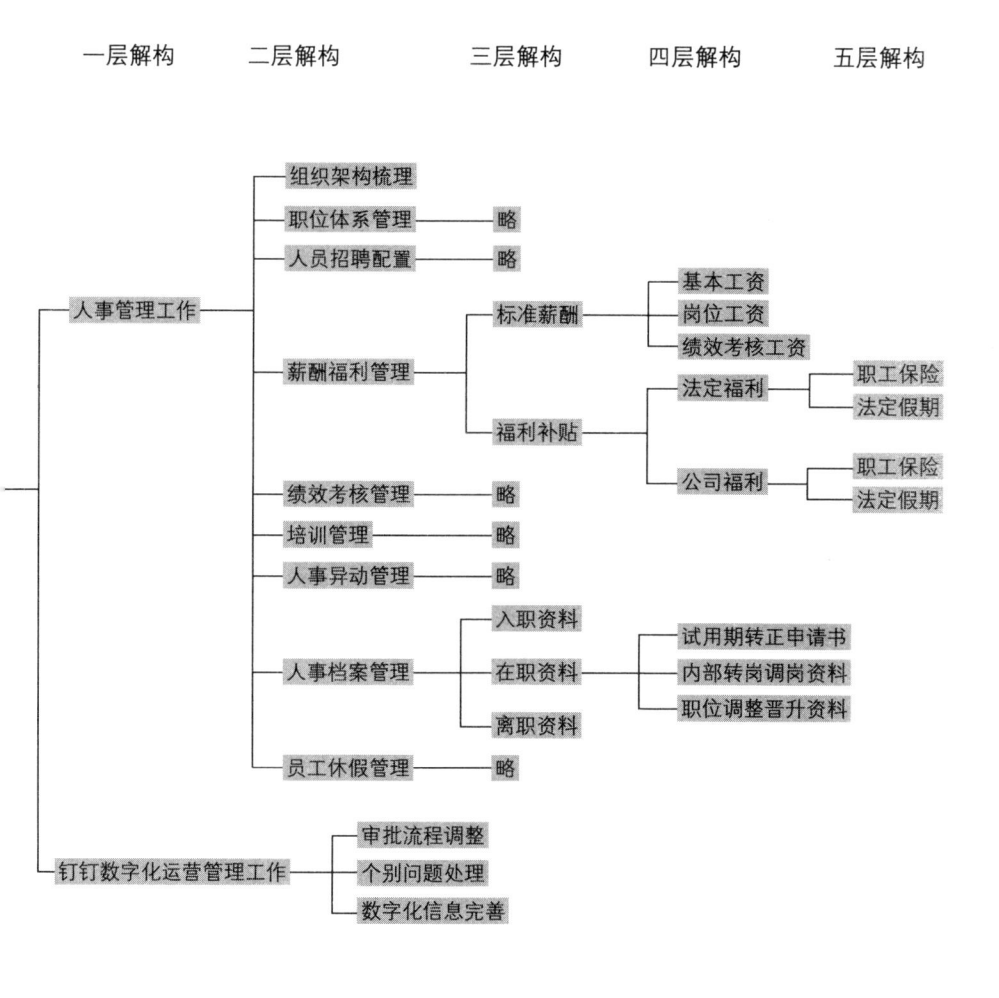

一层解构　　二层解构　　三层解构　　四层解构　　五层解构

```
人事管理工作
├── 组织架构梳理
├── 职位体系管理 —— 略
├── 人员招聘配置 —— 略
├── 薪酬福利管理
│   ├── 标准薪酬
│   │   ├── 基本工资
│   │   ├── 岗位工资
│   │   └── 绩效考核工资
│   └── 福利补贴
│       ├── 法定福利
│       │   ├── 职工保险
│       │   └── 法定假期
│       └── 公司福利
│           ├── 职工保险
│           └── 法定假期
├── 绩效考核管理 —— 略
├── 培训管理 —— 略
├── 人事异动管理 —— 略
├── 人事档案管理
│   ├── 入职资料
│   ├── 在职资料
│   │   ├── 试用期转正申请书
│   │   ├── 内部转岗调岗资料
│   │   └── 职位调整晋升资料
│   └── 离职资料
└── 员工休假管理 —— 略

钉钉数字化运营管理工作
├── 审批流程调整
├── 个别问题处理
└── 数字化信息完善
```

图 3-3　城市公司综合办工作解构图

娱乐等成本支出来保证利润，从而获得了目标客户的高度认可。

这就是解构在产品研发上发挥的作用。

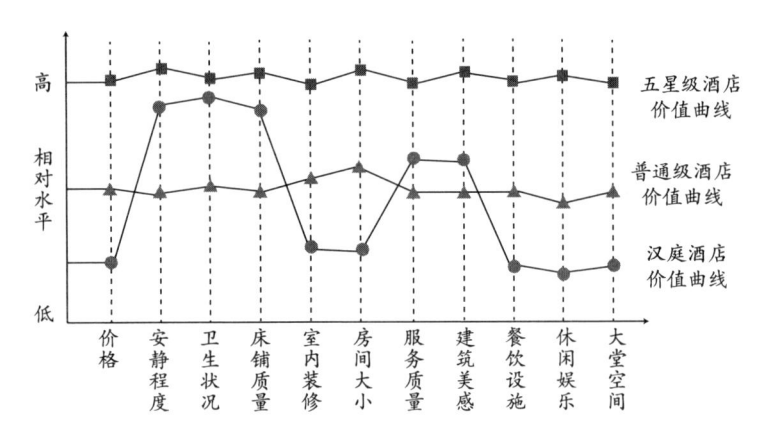

图 3-4 汉庭酒店蓝海战略创新价值曲线
（来源：华与华商学院）

解构这一方法论，一旦用好用对，会极大地优化企业经营管理的效率和质量。上至营销、策划、客户维护，下至日常管理的细节，例如卫生清洁、秩序维护等工作，解构都能发挥自己独有的作用，帮助我们尽最大努力把每件事做到极致。

（四）解构最终是为了抓住主线

解构的最终目的是重构，是认清经营管理实质后的流程再造。在这个过程中，要避免胡子眉毛一把抓——太过追求面面俱到，就容易丧失聚焦点。这就要求我们做到以下几点。

首先，要顺从趋势去解构。

用户需求是动态变化的，只有深入研究经济社会发展趋势，顺应潮流，才能找到客户的根本需求。很多人过度关注细节，却忽略了大环境、大趋势带来的力量，最终落得个刻舟求剑、南辕北辙的结果。比如，在苹果用全新的体验和产品逻辑颠覆了行业后，诺基亚和摩托罗拉这样的老牌手机生产商仍旧在按前互联网时代的逻辑对智能手机进行更新和迭代，导致被市场无情地淘汰；再比如，尽管柯达公司发明了全世界第一台数字相机，但由于对数码时代的发展趋势认知不足，这个影像巨头始终没有能坚决、全面地转型，最终落得在2012年提交破产保护申请的结果。

其次，要客观地去解构。

我们对优秀企业要避免盲目崇拜。每个优秀企业的成功，都和身处环境、成长历史与自身优势密切相关，我们不能因为成功而盲目崇拜其一切经营行为。比如，微软利用渠道快速培养用户习惯而形成了垄断，但在人机交互体验、产品创新方面乏善可陈，那我们就不应该盲目地去学习微软的创新方法论；再比如，阿里巴巴一直喜欢探讨商业模式和理念，但如果因此忽略了"中供铁军"这一超强执行力的B2B销售团队在渠道扩张和客户拓展上所起的作用，我们就无法真正通过解构去探索阿里巴巴的成功之道。

最后，解构是为了发现客户的根本需求。

站在公司与目标客户双赢、多赢的高度，审视流程中的各个细节，大力改善关键部分，才能起到事半功倍的效果——由于资源总是有限的，不分主次、一味满足客户的全部需求只会让企业陷入被动。我们仍以汉庭酒店的创新为例，经过十来年的快速发展，汉庭所在的经济型酒店行业面临着品牌和产品老化、竞争激烈等问题。随着消费升级，2015年，季琦开始思考，汉庭该如何在这个行业中通过创新再次脱颖而出。通过对经济型酒店目标客户消费痛点的解构和分析，季琦和他的团队发现，在环境、服务态度等明显能影响消费者对酒店感受的几个选项里，经济型酒店的目标用户最根本的需求是干净（见图3-5）。最终，汉庭在2016年打出了"爱干净，住汉庭"的口号。通过这个明确的概念，汉庭又一次抓住了消费者的眼球。

解构，关键是要做到用心，否则就容易流于表面：光做拆解，不进行思路整理和主次区分，或者完美主义强迫症犯了，拆解得过于细致，从而产生大量无效工作，最终让行动偏离甚至背离目标。

解构既是利他的方法论，也是一种创新工具。熟练应用这个工具，能让人平时踏实地做事，并最终为目标负责。

同样，解构也是人生道路上重要的认知方法论。我们每天都要面对很多事，在人生的很多阶段上会面对多个岔路口，如果能在生活中用解构这一方法厘清阶段性目标以及人生规划，并细分为一个个具体步骤去踏实地实现，我们的未来一定会更好。

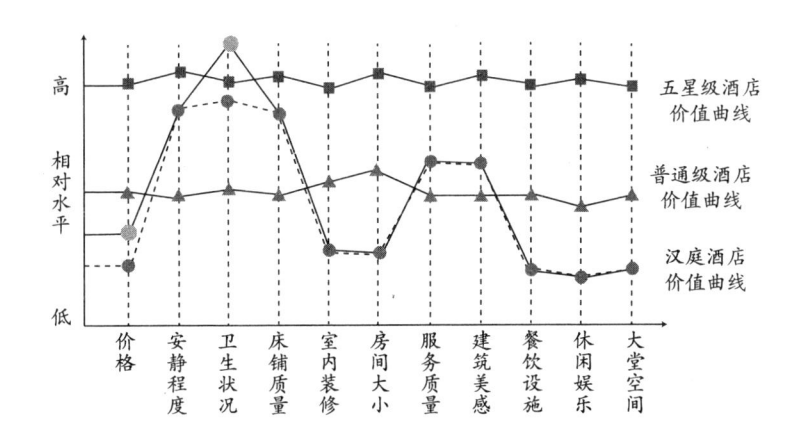

图 3-5 汉庭酒店第二次蓝海战略创新价值曲线
（来源：华与华商学院）

三、澳林优秀人才模型：企业如何选拔优秀人才

时代的变化对企业的发展提出了挑战，也对人才的选拔和培养提出了要求。澳林优秀人才模型就是基于这一背景产生的。

（一）时代变化对企业和人才的要求

随着时代的发展，个人、行业和社会都在发生变化。2021年，大批房企暴雷可以被看作房地产行业发展的一个转折点，同时也是我国经济发展的一个转折点。从消费者层面来看，人们的心智越来越成熟，消费观回归理性，不再从众；从行业层面来看，过去住宅开发高歌猛进的方式透支了用户需求，使得当前供大于求，且资本的支持力度也在迅速降低；从社会层面来看，加入WTO、城镇化、住房升级、拥有充足青年劳动力等一系列过往助推经济快速增长的红利已然消退，传统行业普遍进入微利时代，房地产的社会定位也从以往的偏金融属性回归到商品属性；从国际层面来看，中国正面临经济大周期性波动和美国发起的金融战、贸易战的影响。

从以上种种变化中，我们得出一个结论：经济高速发展时代已成为过去，企业要学会适应新的生存环境。

只有能创造真正价值的企业才能在未来的竞争中不被淘汰，澳林的发展需要从粗放式快速生长转变为精细化经营管理。因此，澳林需要培养和筛选出能为企业创造出真正价值的员工，这是当务之急，同时也是澳林极力推广利他企业价值观的原因所在——企业和个人都应该用市场所需的新标准来要求自己。

第三章 深入理解澳林管理哲学及其方法论

（二）澳林优秀人才模型的五个维度

澳林人认为优秀人才必须具备以下五点：一切为了工作，用心工作，强烈的结果导向意识和达成目标的愿望，将以上三点注入自己所带领的团队，过硬的专业能力。

1. 一切为了工作

这是澳林优秀人才模型的基础，是对员工初心的要求。

一个人是否以一切为了工作为出发点，可以在具体工作中体现出来，并能够由领导、业绩和周围的合作伙伴对其做出量化评价。比如，在工作中处理问题能否就事论事，有没有带着私心私利工作，有没有实事求是，是不是做表面文章，有没有对团队成员"穿小鞋"或打击报复，能不能公平公正地对待团队成员，等等。

我们的每一位同事都应该抱着简单、纯粹的态度来工作。但现实中往往有很多人并不是如此，不少人会把企业当成一个小社会，极尽官僚之能事。所以我们需要对同事们的工作初心提出要求，并将其作为人才评价的重要指标。

2. 用心工作

这是澳林人工作态度的问题，它决定了工作的质量。

一个人是否把强烈的结果导向意识和达成目标的愿望注入日常工作，决定了其工作质量的高低，上级领导可以结合其具体表现做出判断并给予量化评价。比如，对产品

（或服务）是否研究到位并持续改善，有没有用心思考问题、研究问题、发现问题并拿出解决对策，对团队成员的方方面面是否了解并给予足够的关爱等。

惰性几乎是所有人的通病，也是用心工作的天敌，而强烈的结果导向意识和达成目标的愿望则是克服惰性的法宝，所以，端正工作态度是首要问题。如果每个人在工作中都打一点折扣，积少成多，最终会对团队乃至企业产生严重的负面影响。所以我们也要对用心去克服惰性提出要求，并将其作为人才评价的重要指标之一。

3. 强烈的结果导向意识和达成目标的愿望

这是工作的内在动力问题，内在动力强大与否会反映到工作的方方面面。

每个人都应该时刻关心岗位对自己的工作要求（不局限于KPI），将此要求作为努力方向，不断强化它，逐渐形成强烈的结果导向意识和达成目标的愿望。有强烈的结果导向意识和达成目标愿望的人，在工作中会认真确认各种细节问题，和团队共享最新信息，尝试新的工作方式，并且不断地与上司或同事讨论："这样做对达成业绩和目标有什么好处？"这种打破砂锅问到底，并且积极想要赢的态度是有传染性的，团队管理者如果保持着积极乐观、克服困难、无所不能的态度，那么团队成员也会如此。如果每个人都想奋力达成自己的工作目标，叠加到一起，就是团队的胜利,这也是企业能在市场竞争中脱颖而出的重要因素之一。

世上无难事,只怕有心人。一个人只要能自觉自发地做好以上三点,就没有什么办不好的事情。即使个人能力有所不足,但只要坚持做好这三点,就能最大限度地弥补能力上的不足。坚持做好这三点,也有利于自身能力的提高。

4. 将以上三点注入自己所带领的团队

这是一个人是否具有管理能力的问题。

管理者往往具有不同的性格、习惯和认知,因此管理风格也各异。我们不能要求所有人千篇一律地用一种风格来带团队,要理解和包容每个人的个体差异,更应该允许大家在管理上"八仙过海,各显神通"。但能带领团队做好以上三点,是能高标准达成工作目标的有力保障。所以,对于一个管理者的管理能力评价,除去达成工作目标之外,还可以从团队成员的工作出发点、工作态度和工作内在动力来分析,这些评价也是可以量化的。

5. 过硬的专业能力

过硬的专业能力是一个人能胜任相应工作的最基本条件,也是一个人能高标准达成工作目标的基本保障。同样,专业能力是否与相应岗位要求匹配,也是可以量化评价的。

以上五个维度是相互独立,但又相互关联的。一个员工在五个维度中的任何一个维度评价偏低,对于他能否胜任目前岗位的工作都有很大的影响。澳林这一优秀人才评价模型看似简单,但要做好极其不容易。在这五个维度中都能获得好评的人,肯定是澳林人所认为的优秀人才。

(三)澳林优秀人才模型的意义

从表面上看,这一人才模型只是一个用来衡量员工能力的工具,但它的实际作用远不止于此。

对员工个人来说,一方面,澳林优秀人才模型的五个维度是对照自己的"镜子"。每个人对照这五个维度,都能迅速找出自己的短板,有针对性地改进,从而获得进步。另一方面,员工坚持一切为了工作,是让自己"心不累"、让工作变得简单、纯粹的最好办法。带着强烈的结果导向意识和达成目标的愿望,以一切为了工作为出发点,员工就不用瞻前顾后、谨小慎微。团队中的同事在工作配合时难免会有摩擦,但只要出发点是为了工作,而不是针对他人,就能够获得理解和尊重(有时需要一点时间)。一个人在工作中难免会出现决策失误、做错事的时候,只要出发点是一切为了工作,上级就会理解和包容,自己也会心安。在工作过程中,管理者难免会被人误解,比如被怀疑有私心私利、对待下属不公正等,但只要坚持一切为了工作,内心就会坦荡。员工在工作中也难免会出现"冒犯"上级或不被上级理解的情况,只要带着强烈的结果导向意识和达成目标的愿望,并且一切为了工作,就不需要顾虑太多。俗话说"日久见人心",以上这些误解都会随着工作的推进逐渐减少,甚至消失。在澳林,上司如果包容不了这样的下属,就不是一个合格的上司,肯定也不是澳林认定的优秀管理者。

对团队来说,澳林优秀人才模型是帮助管理者带好队伍的重要工具。管理者通过模型可以自上而下衡量和评估下属的工作,下属也可以自下而上向上级提出反馈和建议。上下都有了统一标准,团队就会变得目标清晰,变得更有凝聚力和战斗力。当大家一切为了工作、用心工作并充分发挥出专业能力的时候,就能把工作做到极致,做出吸引人的产品,更好地服务客户。

在当前的社会发展中,唯有足够优秀的人才和企业,才能在竞争中生存。社会不养没有价值的公司,企业也不养没有价值的人。澳林优秀人才模型不只是公司衡量和评价员工的方法,更重要的,它也是员工自我激励和发展的一种途径。

四、从营销思维转型为价值思维

严格来说,中国第一批真正意义上的民营企业家,是在改革开放以后才出现的。这些企业家都是凭借聪明才智,

"摸着石头过河"闯出来的,是真正有中国特色的企业家。在改革开放之初的十几年里,中国是一个消费需求大量释放和供应不足的市场,企业家们无论是因为胆子大、敢于创业,还是因为生存环境差、被逼着走向创业,只要坚持按商业规律办事,就都能得到很好的发展。这样的市场对企业家们的要求就是胆子大、能吃苦,再聪明些就更好了。在这个阶段,大批头脑灵活、观念开放的温州企业家抢占先机,取得了事业上的成功。

从20世纪90年代末开始,房地产改革和先富起来的部分人群,带动了房地产行情的上涨和第一轮城镇化。2001年,中国加入WTO使大批制造企业找到了增长点,所有这些外部条件造就了经济的快速增长,让消费市场异常火爆。在这个阶段,企业家只要善于宣传、营销,就能让企业获得高速发展。企业家们的营销点子层出不穷,生动地演绎了什么叫"四两拨千斤""一本万利"。

这两个阶段有一个共同点,即供需不平衡导致了卖方市场,企业在这个市场上话语权很大。在这样的环境里,企业家只要具备"胆子大、懂营销、善于公关"这三种能力中的任意一种,就能很轻松地赚到快钱。这类营销驱动型企业的特点是:核心决策层的努力方向是把公关和营销做到极致,不惜砸下重金,但在产品研发、团队建设、生产管理、企业文化、制度建设等方面的投入与关注,要远

第三章 深入理解澳林管理哲学及其方法论

远滞后于品牌宣传。

举个例子，某服装企业为了快速发展，惯常的操作是花几百万元聘请明星当代言人，再花千万级广告费在中央电视台等重要媒体轮番进行"广告轰炸"。这样一来，在全国加盟招商会（寻找代理商）上，企业会告诉加盟商们，国内品牌与世界级奢侈品牌在设计、生产工艺、品质上相差不大，后者有高达几十倍的溢价的根本原因就在于品牌价值。加盟商们也相信这样的理论，所以当他们看到品牌有明星代言，又在权威媒体上大量投放广告，就认定加盟后肯定能赚钱，于是争先恐后争夺代理权。对企业老板来说，他可以设立高标准的加盟条件，比如，一个省级代理费几百万元，一个地级市的加盟费几十万元，铺货的预付款需足额打入公司账户。这样做不但能把推广费足额赚回，还可以积累大量现金，从此企业发展高枕无忧。至于设计、生产、团队管理、制度建设等内部管理只要不出大问题就可以了。对于其他管理层来说，代理权成为稀缺资源，自然就有寻租空间牟利，代理商们为了抓住商机或明或暗地巴结区域经理、营销总监、分管副总。在拿下代理权后，为了享受公司更多的支持或拿到当季爆款等更多的资源，代理商们还要持续不断地做公司管理人员的工作。对于这些管理人员来说，除了把领导关注的事情做好以外，大可以拿着公司的资源为自己谋私利，或舒舒服服躺平，不思进取。

这是典型的以营销策划为驱动的发展模式,弊端非常明显。过度寄希望于营销的"一招鲜",企业根本没有心思"练内功"。

与之类似的例子还有,某连锁型百货公司到某地开设分店,或租或盖4万平方米,派出完整建制的运营管理团队进驻。还未正式招商,闻风而来的各品牌代理商及想创业想赚钱的生意人,纷纷通过人脉关系或找上门向管理人员表达想到百货商场做生意的想法。对于运营管理团队来说,不但不用主动招商,还有条件优中选优。一个铺位,特别是一个好铺位是绝对的稀缺资源,运营团队占绝对主导权,自然诸如进场费、条码费、促销费、保证金等各种费用能收则收,能多收绝不少收。对于商场总部决策者(老板)来说,投资成本有可能未开业已全部收回。开始经营后,运营团队也无须承受进货资金、滞销库存、员工工资、经营亏损等各种压力。既无上级压力也无资金风险,运营团队可以坐在办公室里等人上门来求,自然而然,他们也就没有任何进步的渴望或创新意识了。在这个价值链条里,代理商、加盟商、经营户必须想办法消化各种费用、投资风险、库存成本、资金占用成本等,结果只能是将商品提价,因此消费者才会习惯性地认定百货商场的商品价格比其他渠道高很多。

第三章 深入理解澳林管理哲学及其方法论

以上两个例子反映出营销型企业中必然存在的两个问题。首先，对于企业决策者来说，只要注重外在的营销和公关，就能快速规模化发展。因为资金有代理商、加盟商支撑，毛利率可以较随意地往上调。企业有了资金和毛利率，自然不太关心内控、品质、制度、企业文化等内部管理工作的优化。其次，对于职业经理人来说，除了做好营销及老板交办的事情之外，不需要认真研究如何做精细化管理和提高运营效率，更不会有意愿去思考如何打造企业的核心竞争力。

到现在，我们面临的环境已经与商品短缺、经济快速增长时期完全不同：出口受阻、经济增长放缓、供需严重失衡、初始城镇化已经结束。整个市场都在思考如何深度转型的问题，企业家们发现，自己在"挣快钱"时代获得的经验、能力和思维，到现在已经严重不适用了。营销型企业如果不彻底改变核心思维和企业文化，不管如何"+互联网"、如何追逐新技术都是无济于事的。无论是互联网还是快消领域，如果大部分创业者还是一味地靠营销驱动，用投机心态去追逐风口，梦想着一夜暴富，那么能走到最后的成功者必然少之又少。

2015年，我们在澳林内部正式提出"工匠精神"（内部也称"匠心精神"或"用心精神"）。原因就是，从现在开始，在这样的市场环境下，投机的机会越来越少，"一夜暴富""四两拨千斤"也越来越难。上至企业决策者，下至普通员工，如果希望澳林能在激烈的竞争中获胜，最好的做法是用心打好基础，完善管理的点滴细节，努力在内控、品质、设计、服务、成本上做到比别人好一点点——当大家都做到99%时，我们努力做到99.1%，企业就能稳步健康发展。

由于现今中国市场很多产品已趋于饱和，来自买方市场所驱动的增长、增速会越来越缓。在供大于求的前提下，消费者只可能选择那些为自己提供了真正价值的产品和服务。这也是澳林利他精神所提倡的："当我发现了服务对象的根本需求，当我为这一需求付出最大的努力，当我的作用变得难以替代的时候，我的发展就不是问题了。"

在全心全意为服务对象创造真正的价值的过程中，决策者必须用"工匠精神"指导企业的发展。决策者必须耐得住寂寞、坐得住冷板凳，要始终关注过程和细节（企业文化、激励机制、管控等），让结果水到渠成。提到"工匠精神"，大部分人把它理解为技术工人应该具备的品质，其实决策者同样应该具备"工匠精神"，在品质、服务、设计、内控、发展理念上抱着追求完美的意识，锲而不舍地为社会、为消费者创造价值。只有创造出真正的价值的企业，才能排除万难，健康合理地发展。所以，澳林的决策者和管理者必须不断修炼自身的"工匠精神"。

五、详解澳林人的座右铭

澳林人的座右铭是:"立足本职,把简单的事情天天做好;感谢生活,将愉快的心情处处撒播。尊重个体需求,努力实现成功之人生;维护整体利益,合力打造完美之团队。"这是澳林的广大员工和管理者们通过日复一日的工作积累下来的信念与准则。深刻地理解这一座右铭,在职业生涯一帆风顺时,我们可以从中得到鞭策和激励,从而百尺竿头更进一步;在遇到挫折和瓶颈时,我们也能从中汲取智慧和力量,笑对困难,将这一切内化为进步的动力。

(一)立足本职,把简单的事情天天做好

"立足本职,把简单的事情天天做好"包含以下三点:简单,从量变到质变的积累,做好。

首先,简单其实就是注重细节,细节往往是简单的,又是最关键的。简单也是要求员工能将复杂的问题简单化、程序化,最终,简单导向了优秀的细节管理。

其次,我们要意识到,每天的工作不是机械的重复,而是理性的渐进,是每天进步一点点,也是由量变到质变的一次次积累。成功由重复开始,简单的招式练到极致就是绝招。

最后,做了不等于做好。做好,是按公司的制度和要求做到位,是用合适的成本将事情做正确、做完整。其中,

成本不仅是指人力、物力、财力的付出，也包括思想、心态、时间、方式方法等。

（二）感谢生活，将愉快的心情处处撒播

人生即选择，任何一种选择都会带来正反两面的结果。我们要懂得生活辩证法：任何事物都有两面性，都是矛盾的统一。有时失去意味着更大的获得，有时获得则蕴含着更大的失去。为什么有人在获得或失去时，往往会误判人生，不能乘胜追击或及时止损？原因就在于有些获得和失去是无形的，不会马上显现。人如果缺乏长远的眼光和足够的耐心，就会误读这些表面现象，做出错误的选择。

著名企业家稻盛和夫说过，成功的心态，是人生命运的控制塔。人所感受到的快乐或痛苦其实大多源于心态：积极的心态是幸福、健康和快乐的源泉；消极的心态则会把人引入痛苦、彷徨和失败的地狱之门。保持良好心态的关键是思维方式，我们的思维方式分为光明和阴暗两种。光明思维是着眼于事物的光明面，并推动事物向好的方面发展，通俗地讲，就是"凡事往好处想"。世界是多元和复杂的，有黑，有白，也有灰，我们用光明思维去对所见所感进行转化，就能做到将黑暗转变成光明，让生活中充满正能量。

因此，我们要选择感谢生活的心态：感谢父母，让我

们拥有了生命和成长;感谢老师,让我们获得了知识和修养;感谢朋友,让我们懂得了友谊和分享;感谢工作,让我们懂得了创造与价值;感谢阳光,让我们感觉到温暖和光明;感谢黑暗,让我们拥有安静与祥和;感谢成功,让我们自信与骄傲;感谢失败,让我们深刻而成熟;感谢生活中所有的人和事,因为他们都是我们人生的宝贵财富。

懂得感恩的人是幸福的,他们能持之以恒地做好每天的工作,能在平凡的工作中体现自己的人生价值,能够欣赏自己、知足常乐。反之,表现欲和功利性太强、患得患失的人却很难感受到真正的幸福。乐观的情绪、豁达的心态,都是事业成功的心理基础;若总是怨天尤人,思想偏激,灰心丧气,在生活中则会处处遇到挫折。种瓜得瓜,种豆得豆,持光明思维、怀感激心态,是对成功和幸福最好的投资。

心怀感恩的人,能时时保持好情绪,也能将愉快的心情处处撒播。我们的心情也决定着别人的心情和周围的环境。坏情绪就像一盆脏水,好情绪就像一束鲜花。我们要送人鲜花,装扮别人,芳香自己。

(三)尊重个体需求,努力实现成功之人生

首先,我们要明确一点:成功和成就不是一个概念。成就有大小,成功无大小。澳林人认可的成功人生是"在

工作中立足本职，做出色的自己，自身价值得到体现；在生活中享受快乐，生活愉悦"。成功是一种幸福和快乐的感觉，可以不受金钱、职务、地位的影响。有些人将拥有财富的多少和权力的高低看作是否成功的标志，这是片面的。一味地追名逐利，往往会丢掉人生的根本目的。

澳林提倡尊重并满足员工的物质和精神需求。我们认可"谁创造的财富最终归谁所有"的观点，在努力提高员工生活质量的同时，传授员工谋生立世的真本领，让其拥有优秀的品格和正确的人生观、价值观。即使离开澳林，员工凭借在这里学到的知识和对人生的感悟，也能更好地生存和发展。

澳林从以下四个方面落实员工的需求：首先是完善激励制度，给予员工不断增长的合理的物质报酬；其次是加强培训，传授员工本身所不具备的知识和能力；再次是帮助员工规划职业生涯，给予他们足够的成长空间；最后是通过塑造优秀的企业文化，希望能够给予每一个员工良好的生存和发展环境。

让所有适合企业的员工跟随企业一同成长、共创共赢，帮助员工更好地实现人生价值，是澳林的责任。

（四）维护整体利益，合力打造完美之团队

掌握系统思考的能力，凡事顾全大局，是我们对合格

澳林人的期许。系统思考是从大局出发，寻找事物之间相互关联与互动的关系，并利用它来办好事情。忽视系统思考，就会使我们每个个体在追求自己的理想时过于片面，导致整体的利益被破坏。从长远来看，整体利益受损，其中的个人也会不可避免地受到影响。

团队强调整体意识，是因为如果每个人都在做自己认为对的事情，而忽略了整体，那么最终的结果往往是"悲剧"。人的五个手指各有各的长处和用途，组合在一起就是最完美的"团队"。同样，如果每个局部都围绕着整体要求来设计和行动，虽然从个体角度看未必是效益最大化的，却是最合适的——整体性能是最好的，成本也是最低的。

结　语

价值观指引人一生的言行，价值观决定了什么是是非对错、什么是善恶美丑，什么事应该做、什么事不能做。

随着澳林控股集团的不断发展壮大，企业文化的塑造与贯彻成了当务之急。集团董事长林祈倡把指引他一生奋斗的价值观，带到了公司经营管理实践中，并且通过和管理团队、员工们不断的交流、碰撞、融合、提炼、修正，形成了以利他、诚实、用心、关爱、讲规则为关键词的核心价值观。

澳林核心价值观是所有澳林人必须遵循的思想和言行规范。

小企业靠人，中企业靠制度，大企业靠文化。以利他为统领的澳林核心价值观，催生了积极健康、奋发有为的澳林企业文化。我们相信：以利己之目的，行利他之行动，事业健康发展；以利他之行动，成利己之成果，社会和谐繁荣。

纸短意长，文字对企业文化的阐释是有限的。对每一个澳林人来说,最重要的是牢记、理解并践行澳林核心价值观,严格遵守以此为准绳制定的各项具体制度。我们必须认识到,知行必须合一,知而不行,绝非真知,知而行之,终见成效。

从今天开始,每个澳林人都应该把公司的核心价值观当成"镜子",时刻对照、检视、改变我们的观念和言行。坚持践行澳林核心价值观,我们必将拥有幸福、成功的人生,公司也必将乘风破浪、基业长青。